구원론과 재림의 순서

구원론과 재림의 순서

- 평신도를 위한 예수님의 구원론
- 공중강림에서 영원무궁 세계에 이르기까지의 양식과 순서

양대은 지음

좋은땅

무화과나무의 비유를 배우라

그 가지가 연하여 지고 잎사귀를 내면

여름이 가까운 줄 아나니

이와 같이 너희도 이 모든 일을 보거든

인자가 가까이 곧 문 앞에 이른 줄

알라(마태복음 24:32)

제1권
구원론

제2권
재림의 순서

제1권

구원론

다른 이로서는 구원을 얻을 수
없나니 천하 인간에 구원을 얻을 만한
다른 이름을 우리에게 주신 일이
없음이니라 하였더라
(사도행전 4:12)

머리말

　예수님의 구원하심은 초림 때와 재림 때가 엄연히 구별되어 있습니다. 초림의 예수님은 자기 백성을 저의 죄에서 구원하시기 위하여(마 1:21) 동정녀 마리아의 몸을 빌어서 유대 나라 베들레헴에 나셨으니(마 2:1, 미 5:2) 이것을 초림이라 말합니다. 나신 예수님은 예수란 이름 뜻 그대로 하나님의 어린양으로서(요 1:29) 유월절에 십자가 위에서 죽으셨습니다.

　예수님은 선지자의 예언 그대로 썩어짐을 보지 않으시고(행 2:27) 무덤에 장사지낸 지 삼일 만에 부활(눅 24:7) 육체부활(눅 24:39, 행 17:18)하시고 40일 만에 감람산에서 승천하셨습니다. (행 1:3, 9)

　신앙고백과 같이 예수님은 하늘에 오르사 전능하신 하나님 우편에 앉아 계시다가 저리로서 산 자와 죽은 자를 심판하러 오시리라 하셨으니 초림은 구원이요 재림은 심판임을 알 수 있습니다.

"인자가 권능의 우편에 앉은 것과 하늘 구름을 타고 오는 것을 너희가 보리라"(마 26:64)라고 예수님은 대제사장 가야바에게 말씀하셨는데, 이는 예수님의 재림을 의미하는바 초림 때와 재림 때가 다름을 알 수 있습니다.

저는 기독교의 구원론이 너무 어려워 평신도를 위해 이해하기 쉽게 구원론을 분류해 보았습니다. 도움이 된다면 보람이 되겠습니다.

1권 구원론 요약

구분	초림 사 7:14, 마 1:21	재림 욥 19:29, 계 1:7
1. 예수님의 모형	**하나님의 어린양, 속죄양** 출 12:21-28 요 1:29	**유다 지파의 사자, 심판자** 계 5:5, 계1:13-16 창 49:9
2. 누구를 구원하나	**죄인을 구원** 마 1:21 딤전 1:15	**의인을 구원** 히 9:28, 마 25:31-46 계 15:2, 계 7:9, 단 12:1
3. 어디에서 구원하나	**죄에서 구원함** ① 원죄-마 1:21, 시 51:5, 롬 5:15 ② 자범죄-마 26:28, 행 2:38	**환난에서 구원함** (살전 1:10) ① 휴거자: 살전 4:17 ② 면제자: 계 3:10 ③ 통과자: 계 7:14 ④ 순교자: 계 6:11 ⑤ 배도자: 살후 2:3, 계 14:9-11
4. 무엇을 구원하나	**영혼을 구원함** 엡 2:8 벧전 1:9 히 10:39 약 1:21	**육체를 구원함** 마 24:22, 계 15:2 창 6장-9장(노아), 창 18장-9장(롯) ① 장수자:사 65:20-25 ② 영생자: a.변화-빌3:21 b.영생-계 2:7, 22:2
5. 구원하는 방법	**십자가** 보혈믿음: 벧전 1:18-19 회개와 사죄: 요일1:7-9, 민 21:9(놋뱀)	**능력으로 구원** 마 24:31, 사 11:4-5 단 3:19-27, 단 6:19-23
6. 구원받는 조건	**믿음으로 구원받음** 요 3:16 엡 2:8 행 16:31	**성결한 행위** 벧후 3:14, 요 3:5 계 16:15, 계 19:8 벧후 3:11-14
7. 구원 후 어디로 가나	**낙원에 들어감** 눅 16:22(나사로)	**천년왕국** 계 20:4-6, 사 65:17-25 단 7:18, 마 19:28, 눅 22:30

1. 예수님의 모형

1) 초림

출애굽기 12장에 애굽의 장자와 짐승의 처음 난 것을 칠 때 이스라엘 민족은 양을 잡아 그 피를 문설주와 인방에 바르고 고기는 구워 먹음으로 안전하게 구원을 받았습니다.

죄의 값은 사망으로서(롬 6:23) 아담 이후에 범죄 한 인간이 사망의 형벌을 받아야 하였으나 이스라엘의 장자를 위해 죽은 양과 같이 예수님은 자기 백성의 죄를 인하여 대신 죽으신 하나님의 어린양이십니다. 요한복음 1장 29절에 "세상 죄를 지고 가는 하나님의 어린양"이라 하였으니 예수님은 세상의 죄를 대신하여 십자가에 달려 돌아가신 대속의 양이십니다.

2) 재림

초림 때는 하나님의 어린양으로 묘사하였고 재림 때는 유다 지파의 사자로 묘사되어 있습니다.(계 5:5, 창 49:9) 요한계시록 1장 13절-16절을 보면 재림하시는 예수님은 그의 의상이 군왕의 의상으로서 금띠를 띠시고 그는 성결하시고 전지하시며, 그의 발이 풀무에 단련한 빛난 주석, 즉 심판자의 권능이 계시며, 그의 음성이 우주를 지으신 하나님의 위엄이 있으며, 교회를 다스리며 창조의 능력인 말씀의 능력이 입에서 나오며, 그의 얼굴의 영광이 정오의 태양빛 같아서 사도 요한과 같이 주님을 위해 고난 받는 사도도 예수님 앞에서는 죽은 자같이 되었으니 마치 사자 앞에서 산짐승들이 죽은 듯한 것 같이 예수님은 온 세상의 심판자로서 강림하실 때 천지는 진동하며 온 세계 인류는 그 위엄 앞에서 통곡할 것입니다.(계 1:7, 6:12-17)

그러나 주 믿는 성도들에게는 그의 눈에서 눈물을 씻어 주실 것이며(계 7:17) 상급을 주실 것이며(마 25:34) 지극히 온유하게(마 11:29) 대하실 것입니다. 예수님은 의로 세계를 통치할 것입니다.

재림의 예수님은 사자로 묘사되었으나 천년왕국 때는 평화의 왕이라고 이사야 선지자는 말씀하셨습니다.

이는 한 아기가 우리에게 났고 한 아들을 우리에게 주신 바 되었

는데 그 어깨에는 정사를 메었고 그 이름은 기묘자라 모사라 전능

하신 하나님이라 영존하시는 아버지라 평강의 왕이라 할 것임이

라. (사 9:6)

2. 누구를 구원하시나

1) 초림

예수님께서 구원의 대상에 관하여 이렇게 말씀하셨습니다. "내가 의인을 부르러 온 것이 아니요 죄인을 불러 회개시키러 왔노라"(마 9:13) 누가복음 15장에 세 가지 비유, 즉 잃은 양 찾는 비유나 잃어버린 드라크마 찾는 비유나 탕자의 비유는 죄인을 구원하시는 하나님의 사랑을 뜻합니다.

디모데전서 1장 15절에 "그리스도 예수께서 죄인을 구원하시러 임하셨도다" 말씀하셨고 요한복음 3장 17절에 "하나님이 그 아들을 세상에 보내신 것은 세상을 심판하시려 하심이 아니요 저로 말미암아 세상이 구원을 받게 하려 하심이라" 하셨으니 초림은 죄인을 구원하시러 오신 것입니다.

2) 재림

초림 때와 달리 재림 때는 의인을 구원하십니다. 달란트 비유나 양과 염소 비유에서 의인들은 상급을 받고 나라까지 상속해 주시지만 염소는 형벌을 받게 되었습니다. (마 25)

요한계시록 7장 9절-17절을 보면 전 세계적으로 흰옷을 입고 손에 종려나무가지를 들고 나오는 자들이 있는데 이들은 큰 환난을 통과하여 나오는 의인들입니다.

히브리서 9장 28절 "이와 같이 그리스도도 많은 사람의 죄를 담당하시려고 단번에 드리신 바 되었고 구원에 이르게 하기 위하여 죄와 상관없이 자기를 바라는 자들에게 두 번째 나타나시리라"라는 이 말씀에서 '자기를 바라는 자들'도 의인들입니다.

계시록 15장에 '유리 바닷가에서 모세와 어린양의 노래를 부르는 자들'도 모두 의인들입니다. 초림 때는 누구든지 주의 이름을 부르는 자는 영혼구원을 얻지만, 재림 때는 죄 많은 세상을 심판할 때 의인 노아가 구원받은 것과, 롯이 소돔 성을 나와 구원받은 것처럼 그 이름이 생명책에 녹명된 의인만 구원됩니다. (단 12:1)

계시록 14장 14절-16절에 곡식 추수는 의인구원을 의미하여 마태복음 3장 12절의 알곡과 쭉정이 비유에서 알곡은 의인을 의미합니다.

예수님의 재림으로 세상은 심판을 받으나(행 17:31) 믿는 자에게는 세 가지 선별, 즉 물으심이 있습니다.

① 알곡이냐 쭉정이냐? 신성의 물음(마 3:12)

② 좋은 고기냐 못된 고기냐? 인성의 물음(마 13:47-50)

③ 양이냐 염소냐? 삶의 물음(마 25:31-46)

첫째, 알곡이냐 쭉정이냐의 물으심은 손에 키를 들고 자기의 타작마당을 정하게 하시는 일, 즉 알곡과 쭉정이의 선별인 것입니다. 타작마당은 세상이며 선별방법은 후삼년반의 붉은 짐승에 의한 대 환난인 것입니다. (계 13장)

예수님 영접한 후 삶을 요셉의 형제들에게 비교하자면 은혜의 사람 요셉은 흉년에 굶주림이 아니요 도리어 애굽 나라의 총리의 영광을 누렸지만 그의 형들은 굶주림과 고통을 겪은 것처럼 선별될 것입니다.

알곡이라 함은 신의 성품입니다. (벧후 1:4)

"오직 위로부터 난 지혜는 첫째 성결하고 다음에 화평하고 관용하고 양순하며 긍휼과 선한 열매가 가득하고 편벽과 거짓이 없나니 화평케 하는 자들은 화평으로 심어 의의 열매를 거두느니라"(약 3:17-18)

둘째, 좋은 고기라 함은 인성의 물으심입니다.

빛은 착한 행실이라 하였으니(마 5:14) 빛의 열매는 모든 착함과 의로움과 진실함에 있느니라(엡 5:9) 바나바는 착한 사람이라 성령과 믿음이 충만한 자라 이에 큰 무리가 주께 더하더라(행 11:24)

셋째, 양이란 삶에 대한 물으심이니 평소 그의 마음이 긍휼하여 (마 5:7) 주릴 때에 먹을 것을 주었고 목마를 때 마시게 하였고 나그네 되었을 때 영접하였고 벗었을 때 옷을 입혔고 병들었을 때 돌아보았고 옥에 갇혔을 때 돌아보았느니라(마 25:35-36) 하셨으니 삶에 대한, 즉 사회생활에서 그늘진 곳을 돌아본 자들이 양인 것입니다. 쭉정이나 못된 고기나 염소는 반대의 경우를 뜻하는 것으로 요셉은 형들을 용서하되 형제간 우애와 아버지에 대한 효를 확인하고 형들을 용서한 것 같이 창세기 42장 이후의 사건은 대 환난과 비교할 수 있는 사건입니다.

다시 강조하자면, 예수님 재림 전까지는 누구든지 주의 이름을 부르는 자는 영혼구원을 얻지만(요엘 2:32, 행 2:21), 예수님이 다시 오시면 "나더러 주여 주여 하는 자마다 천국에 다 들어갈 것이 아니요 다만 내 아버지의 뜻대로 행하는 자라야 들어가리라. 그 날에 많은 사람이 나더러 이르되 주여 주여 우리가 주의 이름으로 선지자 노릇하며 주의 이름으로 귀신을 쫓아내며 주의 이름으로 많은 권능을 행치 아니하였나이까 하리니 그때에 내가 저희에게 밝히 말하되 내가 너희를 도무지 알지 못하니 불법을 행하는 자들아 내게서 떠나가라 하리라"(마 7:21-23)라고 하셨으니 쭉정이나 못 된 고기나 염소는 불신자가 아니라 의롭지 아니한 신자들임을 알아야 합니다.

재림 시 구원받을 사람들은 말씀으로 의롭게 살아가는 사람들입니다. (마 13:43, 복음적인 의)

3. 어디에서 구원받나

1) 초림

마태복음 1장 21절에 "아들을 낳으리니 그 이름을 예수라 하라 이는 그가 자기 백성을 저의 죄에서 구원할 자이심이라" 하였으니 죄는 죽음을 의미하는바 에스겔 18장 4절에 "범죄 한 영혼이 죽으리라" 하였고 에베소서 2:1에 "너희 허물과 죄로 죽었던 너희를 살리셨도다" 하셨으며, 에덴동산에서 범죄 한 아담에게 이르시되 "네가 네 아내의 말을 듣고 내가 너더러 먹지 말라한 나무의 실과를 먹었은즉 땅은 너로 인하여 저주를 받고 너는 종신토록 수고하여야 그 소산을 먹으리라 땅은 네게 가시덤불과 엉겅퀴를 낼 것이라 너의 먹을 것은 밭의 채소인즉 네가 얼굴에 땀을 흘려야 식물을 먹고 흙으로 돌아가리니 그 속에서 네가 취함을 입었음이라 너는 흙이니 흙으로 돌아갈 것이니라" 하였으니 영혼도 죽고 육체도 죽음을 의미합니다.

시편 51편 5절에 "내가 죄악 중에 출생하였음이요 모친이 죄 중에 나를 잉태하였음이라" 함과 로마서 5장 15절에 "한 사람의 범죄를 인하여 많은 사람이 죽었은즉" 이는 원죄를 의미합니다. 사도행전 3장 28절에 "너희가 회개하여 각각 예수그리스도의 이름으로 세례를 받고 죄 사함을 얻으라" 하였고 탕자가 아버지의 집을 떠나 헤어진 옷을 입음은 자범죄의 상징이며, 간음하다가 현장에서 잡힌 여인의 죄도 자범죄입니다.

십계명과 율법에서 기록한 법령을 범함은 자범죄를 범함이니 원죄와 자범죄에서 구원을 얻습니다.

2) 재림

초림 때는 원죄와 자범죄에서 구원 얻음을 말씀드렸거니와 재림 시에는 이미 죄에서 구원받은 성도들이 환난에서 구원을 얻게 됩니다. 우리는 지금 회교권이나 공산권을 제외하고는 기독교 신앙의 자유를 향유하고 있습니다. 그러나 요한계시록 13장에서 붉은 짐승은 성도들과 더불어 싸워 이길 뿐만 아니라 전 세계적으로 42개월 동안 성도를 박해하며 통치함을 읽을 수 있습니다. (계 13:7, 단 12:7, 단 8:24)

계시록 11장에 나오는 자연계의 재난은 전삼년반을 의미하며 계시록 13장은 후삼년반을 의미합니다.

먼저 붉은 짐승이 무엇인지 알아야 하겠습니다. 다니엘서 7장에 나오는 네 짐승들 곧 사자, 곰, 표범, 무서운 짐승은 네 나라를 의미하며 나라는 정치를 의미합니다.

붉은 짐승은 하나님을 훼방하고(계 13:6) 기독교를 박해할 것이며(계 13:6) 새끼양은 짐승의 우상경배를 강요하며(계 13:15) 짐승의 표가 없으면 경제행위를 금지시킬 것입니다. 이러함이 후삼년반의 참상입니다. 그러면 어떻게 하여 이런 참상이 올까요? 요한계시록 18장 2절에 바벨론의 멸망은 기독교의 약화를 초래하게 됩니다. 이때 비로소 후삼년반이 시작됩니다. 후삼년반에 기독교는 많은 고초를 받을 뿐 아니라 신자들은 여러 부류로 갈라집니다.

(1) 휴거자

계시록 7장에 인 맞은 자나, 14장에 나오는 시온 산에 선 14만 4천인이나, 계시록 19장에 나오는 백마 탄 군대는 모두 같은 성도들로서 들림 받아 변화된(살전 4:16-18, 빌 3:21) 이들은 후삼년반 초, 주님께서 공중에 오셨을 때 엘리야와 같이 들림 받아 환난 받기는 고사하고 주님께서 능력을 주사(계 2:26-27) 붉은 짐승과 더불어 싸워 이길(계 17:14) 모세, 여호수아, 다윗과 같은 불가항력을 지닌 용사들입니다.

할렐루야! 혼인잔치는 공중에서 1차 있으니 들림 받은 자들로 군대를 조직하고 하나님의 나팔을 불면서 천군 천사와 함께 예수님을 총사령관으로 하여 지상 강림하여 환난당하는 성도를 구원하는 한편 세상만국을 심판할 것입니다.

(2) 면제자

계 3장 10절에서 전 세계적인 환난 때 면제되는 사람이 있다고 하였으니 이는 평소에 말씀을 지키고 열매 맺는 성도들입니다. 이들은 환난 날에 하나님의 특별한 보호를 받을 것입니다. (말 3:16-18)

"그 때에 여호와를 경외하는 자들이 피차에 말하매 여호와께서 그것을 분명히 들으시고 여호와를 경외하는 자와 그 이름을 존중히 여기는 자를 위하여 여호와 앞에 있는 기념책에 기록하셨느니라. 만군의 여호와가 이르노라 나는 내가 정한 날에 그들을 나의 특별한 소유로 삼을 것이요 또 사람이 자기를 섬기는 아들을 아낌 같이 내가 그들을 아끼리니 그 때에 너희가 돌아와서 의인과 악인을 분별하고 하나님을 섬기는 자와 섬기지 아니하는 자를 분별하리라"(말 3:16-18)

(3) 통과자

다니엘의 세 친구와 같이 신앙의 지조를 지키면서 죽으면 죽으리라 하며 환난을 통과하는 신자도 있을 것입니다. (계 2:8-11, 계 7:14)

> "내가 말하기를 내 주여 당신이 아시나이다 하니 그가 나에게 이르되 이는 큰 환난에서 나오는 자들인데 어린 양의 피에 그 옷을 씻어 희게 하였느니라"(계7:14)

(4) 순교자

신앙의 지조를 지키다가 순교하는 장한 성도도 있을 것입니다.

> "다섯째 인을 떼실 때에 내가 보니 하나님의 말씀과 그들이 가진 증거로 말미암아 죽임을 당한 영혼들이 제단 아래에 있어, 큰 소리로 불러 이르되 거룩하고 참되신 대주재여 땅에 거하는 자들을 심판하여 우리 피를 갚아 주지 아니하시기를 어느 때까지 하시려 하나이까 하니, 각각 그들에게 흰 두루마기를 주시며 이르시되 아직 잠시 동안 쉬되 그들의 동무 종들과 형제들도 자기처럼 죽임을 당하여 그 수가 차기까지 하라 하시더라"(계 6:9-11)

(5) 배도자

위에서 말한 대로 예배금지, 경제행위 금지, 우상경배를 강요당할 때 이를 거역하면 죽게 되므로 육신의 생명 연장을 위하여 배도하는 자가 나올 것입니다.

> "누가 어떻게 하여도 너희가 미혹되지 말라 먼저 배교하는 일
> 이 있고 저 불법의 사람 곧 멸망의 아들이 나타나기 전에는 그
> 날이 이르지 아니하리니"(살후 2:3)

창세기 33장 1절에서 2절을 보면 야곱이 형 에서를 만날 때 군사용어를 빌리면 최전방에는 여종과 그 자식을 두고 그 다음에는 레아와 그 자식을 두고 후방에는 라헬과 요셉을 두었습니다. 이 배열은 위기 상황에 대처하는 야곱의 마음입니다.

하나님께서 보실 때 나는 종의 자식과 같은 교인인지, 레아의 자식과 같은 신자인지, 요셉과 같은 성도인지, 하나님의 손바닥에 나의 이름이 아로새겨졌는지 스스로 돌아보아야 합니다. 농경인이(곡식단)(창 37:7) 우주적인(해, 달, 별) 존귀한 하나님의 사람으로서의(창 37:9) 믿음의 진보와(빌 1:25) 독수리의 비상이(사 40:31) 있으시기를 바랍니다.

계시록은 하나님께서 말씀하신바 예수님은 증거하시고 천사는 밧모섬에 유배된 사도요한에게 전달하였으니 그 전달 방법은 환상과 음성의 방법이었습니다. 저는 부분적인 것을 환상으로 보고 듣고 하여 이를 전하게 된 것입니다.

1차 혼인잔치는 공중에서

마태복음 25장 1절-13절을 보면 열 처녀 비유가 있습니다. 슬기 있는 다섯 처녀는 등에 기름을 예비하였다가 신랑을 맞이하였고, 미련한 다섯 처녀는 등만 가지고 있다가 신랑을 맞이하지 못했습니다. 어떻게 신앙생활을 해야 공중혼연에 참여할 수 있겠습니까? 공중혼연, 즉 신랑을 맞이하는 요건의 하나는 기름을 예비해야 하는데 기름이란 성령을 의미합니다. 엘리야가 회오리바람에 의해 하늘로 들려 올라갔습니다. 어떤 사람이 들림 받는 꿈을 꾸었는데 첫째 요건이 겸손이라 하였고, 둘째는 성령 충만이라 하였으며 셋째는 은혜의 부름이라 하였습니다.

야고보서 4장 6절, 베드로전서 5장 5절에 하나님께서 교만한 자를 물리치시고 겸손한 자에게 은혜를 주신다고 하셨습니다. 성령 충만한 어떤 집사님이 새벽기도시간에 갑자기 몸이 가벼워지더니 조용히 몸이 떠오르는데 어떤 분이 잡아 당겨서 천장까지 올라가지 못했다 하기에 얼마나 올랐는지 물었더니 "선 키 한길 올랐다"라고 하였습니다. 그래서 잡아 내린 분에게 물어 보았더니, 그 집사님께서는 앉은키만큼 올랐었다고 해서 부러워한 적이 있었습니다.

2차 혼인잔치(건국경축행사)는 지상에서

예성 헌장 2장 신조 7절 재림의 18조 4항에 보면 예수님의 재림은 "1차는 공중으로 오신다(살전 4:16-18), 2차는 지상으로 오신다(슥 14:4, 계 19:11-16)"라고 기록하고 있습니다. 2차 혼인잔치란 예수님께서 공의로 세상을 심판하신 후(단 2:34, 35, 44) 세계만국이 통일된 한 나라를 세우시고(단 2:44, 계 11:15) 공식적으로 만왕의 왕으로 등극하시며 충성한 종들에게 열 고을, 다섯 고을 다스리는 권세를 부여하시는(눅 22:29-30) 지상 천국건설의 초 극대 영광의 식전인 것입니다.

이 영광의 식전에 전 세계 성도는 다 초청하지 못하고 1차 공중혼연 참석자와 지상에 남았던 성도 중에서 부분적으로 초청할 것입니다. 그래서 어린양의 혼인잔치에 청함을 받은 자가 복이 있다 하였으니(계 19:9) 이 영광의 식전에 초청장을 받는 복이 있을진저!

구원론과 재림의 순서

4. 무엇을 구원하시나

1) 초림

구원받았다고 해도 무엇을 구원받았는지 잘 모르고, 묻게 되면 머뭇거리고 확신이 없는 신자가 많이 있습니다. 우리는 구원받은 성도들이 죽어 매장되는 것을 봅니다. 그러면 무엇을 구원하시며 구원받았나요?

예수께서 십자가에서 운명하실 때에 "아버지여 내 영혼을 아버지 손에 부탁하나이다"라고 하셨으니 영혼이 구원받아 가야 할 곳은 하나님의 집임을 알 수 있습니다.

에베소서 2장 1절에 "너희 허물과 죄로 죽었던 너희를 살리셨도다"라고 하셨으니 영혼의 죽음에서 구원함을 의미하며, 에스겔서 18장 4절, 20절에 "범죄 한 영혼이 죽으리라" 하였으니 영혼의 죽음에서 구원되며, 베드로전서 1장 9절에서 "믿음의 결국은 영혼구원이라"라고 하였고, 히브리서 10장 39절에 영혼을 구원함에 이르는 믿음을 가진 자라 하였으며, 야고보서 1장 21절에 "그러므로 모든 더러운 것과 넘치는 악을 내어 버리고 능히 너희 영혼을 구원할 바 마음에 심긴 도를 온유함으로 받으라 하셨으니 영혼구원을 의미하셨습니다. 그러므로 초림 때 받은 구원은 영혼구원이라 하겠습니다.

2) 재림

믿는 사람은 모두 영혼구원을 받은 성도로서 날마다 주님 섬기며 감사하며 헌신하고 있습니다. 그러면 무엇을 더 구원받아야 하나요?

미래에 붉은 짐승의 통치나 박해가 없다면 얼마나 좋겠습니까? 그러나 성도는 개국 이래로 없었던 처참한 환난을 겪을 것이라고 다니엘 선지자가 예언했습니다.

"그 때에 네 민족을 호위하는 큰 군주 미가엘이 일어날 것이
요 또 환난이 있으리니 이는 개국 이래로 그 때까지 없던 환난
일 것이며 그 때에 네 백성 중 책에 기록된 모든 자가 구원을
받을 것이라"(다니엘 12:1)

이 환난에서 예수님은 성도들의 육체구원을 위해 그 환난의 날들을 감하신다고 말씀하셨습니다.

"그 날들을 감하지 아니하면 모든 육체가 구원을 얻지 못할 것이나 그러나 택하신 자들을 위하여 그 날들을 감하시리라"(마 24:22)

출애굽기 15장을 읽어 보면 이스라엘 민족이 홍해 바다에서 육체구원 받은 것을 알 수 있으며, 계시록 15장을 읽어 보면 짐승과 그의 우상과 그의 이름의 수를 이기고 벗어난 자들이 유리 바닷가에 서서 모세의 노래, 어린양의 노래를 부르는 자들이 있으니 이도 육체구원 받은 성도들이며, 창세기 6장-9장에서 노아도 홍수심판에서 육체구원을 받았고, 창세기 18장-19장에서 롯도 소돔과 고모라가 하늘의 유황으로 불에 탈 때 육체구원을 받았습니다.

재림 시 성도들은 붉음 짐승의 환난에서 육체구원을 받게 됩니다. (계 7:14, 계 3:10, 단 12:1)

육체구원 받은 성도들이 나누임

휴거된 성도들은 천년왕국을 거쳐 영원무궁세계에 들어가 영생하게 되지만, 휴거되지 못하고 구원받은 성도들은 장수하며 살다가 죽게 됩니다.

붉은 짐승의 통치하에서 환난을 겪어 가며 환난을 통과한 성도나 환난에서 면제된 성도는 모두 지상에 남아 있다가 육체구원을 받은 성도로서 이들을 이사야 선지자는 이렇게 예언했습니다. "내 백성의 수한이 나무의 수한과 같겠고"(사 65:22) 이들은 장수하여 살면서 농공을 하다가 죽을 것이며, 휴거된 성도들은(살전 4:16-18) 육체의 영화로운 변화가 일어날 것입니다(고전 15:52, 빌 3:20-21). 이들은 공중에서 주님 영접하며 있다가(군대조직) 함께 지상에 강림하여(유 1:14) 붉은 짐승과 더불어 최후의 선과 악의 싸움에서 이긴 후(계 17:14, 계 19:19-21), 세상을 심판하고 (사 11:1-5, 계 19:11-21) 성도의 나라를 세울 때(단 7:18, 2:44, 계 11:15) 공적 따라 통치권에 참여하게 되며(마 19:28, 눅 22:29-30) 그들은 사랑의 계명을 지켰은즉 천 년 동안 죽지 않을 것이며(계 2:7) 영원무궁 세계에 들어가 생명나무의 과실을 먹고(계 22:2-3) 육체적으로 영생할 것입니다.

예수님께서 다스리는 천년왕국 동안에는 생명나무 과실의 출현이 없습니다. 그러므로 이사야 선지자는 "내 백성이 수명의 한이 있다"라고 했습니다. (사 65:20-23)

예수님께서 천 년 동안 나라를 다스린 후 그 나라를 하나님께 바치게 됩니다. (고전 15:24) 그때 사람들은 에덴동산에서 범죄 한 후 비로소 하나님의 얼굴을 뵐 것이며(계 22:4), 비로소 생명나무 과실의 출현으로 영생하게 됩니다.

5. 구원하시는 방법

1) 초림

민수기 21장 9절에 이스라엘 민족이 길로 인하여 마음이 상하고 식물을 인하여 하나님과 모세를 원망하니 불 뱀이 나와서 백성들을 물어 죽게 할 때에 모세가 하나님께 기도하니 하나님께서 모세에게 놋 뱀을 만들어 장대 위에 달아 쳐다보는 자는 살리라 하였으니 이는 십자가의 모형입니다. 하나님께서는 범죄 한 백성을 위하여 양을 잡아서 매일매일 제사 드리게 하심으로 죄를 속해 주셨으니 그 방법은 매일매일 짐승을 잡아야 되었으나, 하나님께서 흠 없는 양을 예비하사 단번에 많은 사람의 죄를 위해 속죄의 양으로 십자가 위에서 죽게 하셨습니다.

하나님께서 구원의 방법은 십자가의 방법을 세우셨습니다.

2) 재림

초림 때는 예수님께서 십자가에 죽으심으로 죄에서 자기 백성을 구원하시는 방법을 세우셨고, 재림 때는 붉은 짐승의 통치 속에서 성도를 구원하는 방법은 천사들을 보내어 그 택하신 자들을 하늘 이 끝에서 저 끝까지 사방에서 모으리라 하였고(마 24:31), 창세기 19장에 소돔성에서 롯을 건져 냄도 천사를 보냈으며, 사자 굴의 다니엘과 다니엘의 세 친구들도 불속에서 천사들의 도움으로 구원 받았습니다.

백마를 타신 예수님께서 이한 검으로 만국을 치시고, 철장으로 저희를 다스려 질그릇같이 부수시고, 맹렬한 진노의 포도주 틀을 밟으신다 하셨으며 붉은 짐승은 말 탄 자와 그의 군대로 더불어 전쟁을 일으키다가 잡힌다고 말씀하셨습니다. (계 19:15-21, 시 2:9) 이사야 11장 4절에 "그 입의 막대기로 세상을 치며 입술의 기운으로 악인을 죽일 것이며"라고 하였습니다. 그리고 말라기 4:1-3을 보면 "극렬한 풀무불 같은 날이 이르러 교만한 자와 악을 행하는 자가 초개 같이 될 것이며 주님의 이름을 경외하는 너희에게는 의로운 해가 떠올라서 치료하는 광선을 발하리니 너희가 나가서 외양간에서 놓인 송아지 같이 뛰리라"라고 하였으니 재림 시 구원의 방법은 능력임을 알 수 있습니다.

6. 구원받는 조건

1) 초림

에베소서 2장 8절에 "너희가 그 은혜를 인하여 믿음으로 말미암아 구원을 얻었나니" 하였고, 요한복음 3장 16절에 "믿는 자는 멸망치 않고 영생을 얻게 하려 하심이라" 하였고, 베드로전서 1장 9절에 "믿음의 결국 곧 영혼의 구원을 받음이라" 하였으며, 하박국 2장 4절에 "의인은 믿음으로 말미암아 살리라" 하였으니 진리 말씀을 믿는 믿음, 베드로의 신앙고백과 같이 예수님을 믿는 믿음, 사도들이 믿는 신앙처럼 믿어야 영혼구원을 받게 됩니다.

2) 재림

구원의 대상과 거의 같은 내용이 되겠습니다. 신자들은 이미 회개하고 믿는 자이나 믿는 자의 행위가 어떠하냐에 따라서 구원의 대상이 되기도 합니다.

창세기 6장에 보면 하나님의 아들들이 있었고 사람들의 딸들이 있었는바 그들 행위가 강포하고 사상은 간악하며 성 윤리는 타락하여 하나님의 아들들도 의인 노아의 여덟 식구 외는 모두 멸망을 당하였습니다.

계시록 3장 1절-6절에 사데 교회에 소수의 신자들은 흰옷을 입고 주님과 함께 동행하는 자들을 생명책에서 그 이름을 흐리지 아니하고 내 아버지 앞과 천사들 앞에서 시인하리라하였으며, 말라기 3장 13절-18절에는 여호와 하나님을 경외하는 자, 그 이름을 존중히 생각하는 자를 하나님 앞에 있는 기념 책에 기록하였다가 환난 날에 특별한 소유를 삼으시고 보호하시고 구원하신다는 말씀이 있습니다.

베드로후서 3장 11절-13절 말씀에 "이 모든 것이 이렇게 풀어지리니 너희가 어떠한 사람이 되어야 마땅하뇨 거룩한 행실과 경건함으로 하나님의 날이 임하기를 바라보고 간절히 사모하라 그날에 하늘이 불에 타서 풀어지고 체질이 뜨거운 불에 녹아 지려니와 우리는 그의 약속대로 의의 거하는바 새 하늘과 새 땅을 바라보도다" 하였으니 거룩한 행실이 약속의 땅을 얻을 수 있음을 알 수 있습니다.

구약성경에 애굽에서 나온 이스라엘 민족의 장정들이 광야에서 만나와 메추라기를 먹었어도 갈렙과 여호수아를 제외하고는 다 죽고 광야에서 다시 난 사람들이 성결의 상징인 요단강을 건너서 아브라함에게 약속하신 가나안땅에 들어갔으니 천년왕국에 들어가기 위해서도 성결해야 하겠습니다.

계시록 19장 7절-8절에 "빛나고 깨끗한 세마포를 입은 신부는 그의 행실이 옳게 행하였다" 하셨고 하늘에 백마 군대도 희고 깨끗한 세마포를 입었으며, 계시록 7장 9절에 세계적으로 환난을 통과하여 나오는 성도들이 흰옷을 입고 손에 종려나무가지를 들고 나왔으니 재림 시 구원받는 조건은 성결한 행위인 것입니다. (벧후 3:11)

이는 마음의 성결(마 11:29), 사상의 성결(계 13:16), 언어의 성결(유 1:15), 행위의 성결(벧후 3:11)입니다.

"나는 마음이 온유하고 겸손하니 나의 멍에를 메고 내게 배우라 그리하면 너희 마음이 쉼을 얻으리니"(마 11:29)

"그가 모든 자 곧 작은 자나 큰 자나 부자나 가난한 자나 자유인이나 종들에게 그 오른손에나 이마에 표를 받게 하고"(계

13:16)

"이는 뭇 사람을 심판하사 모든 경건하지 않은 자가 경건하지 않게 행한 모든 경건하지 않은 일과 또 경건하지 않은 죄인들이 주를 거슬러 한 모든 완악한 말로 말미암아 그들을 정죄하려 하심이라 하였느니라"(유 1:15)

"이 모든 것이 이렇게 풀어지리니 너희가 어떠한 사람이 되어야 마땅하냐 거룩한 행실과 경건함으로"(벧후 3:11)

7. 구원받으면 어디로 가나

1) 초림

아버지 집을 떠난 탕자가 고독과 배고픔을 깨닫고 뉘우치는 마음으로 아버지께 돌아와 회개하니 아버지께서 용서해 주시며 아들로 영접해 주시고(요 1:12), 좋은 옷을 입혀 주셔서(계 19:8), 선한 일을 열심히 하는 친 백성이 되게 하시고(딛 2:14), 다니면서 복음을 전하도록 신을 신겨 주시며(엡 6:15), 그에게 영광과 지위를 주셔서 감사함이 넘치게 하시며 송아지 잡아 잔치하는 것과 같이 항상 기뻐하게 하시고(빌 4:4), 소망을 하나님께 두고 살다가 죽으니 그의 귀한 영혼이 천사의 손에 받들려 아브라함의 품인 낙원으로 가는 것입니다. (눅 16:22, 23:43, 고후 12:4)

"이에 그 거지가 죽어 천사들에게 받들려 아브라함의 품에 들

어가고 부자도 죽어 장사되매"(눅 16:22)

"예수께서 이르시되 내가 진실로 네게 이르노니 오늘 네가 나
와 함께 낙원에 있으리라 하시니라"(눅 23:43)

"그가 낙원으로 이끌려 가서 말로 표현할 수 없는 말을 들었
으니 사람이 가히 이르지 못할 말이로다"(고후 12:4)

2) 재림

구원받은 성도가 어디로 가느냐? 혹자는 요한복음 14장 3절에
예수님께서 말씀하시기를 "가서 너희를 위하여 처소를 예비하면
내가 다시 와서 너희를 내게로 영접하여 나 있는 곳에 너희도 있게
하리라"라는 이 말씀을 근거로 천년왕국 때 성도가 거하는 장소가
지구가 아닌 외계로 이주하여 간다고 말하기도 하지만 분명히 다
니엘 7장 18절에 "성도가 장차 세상 나라를 얻어 누릴 것이다"라고
하였으며, 계시록 11장 15절에 세상 나라가 기독교 국가가 되리라
하였고 여호수아기의 주제는 마태복음 25장 34절의 나라 상속의
그림자임을 알 수 있습니다. 환난에서 구원받은 성도들은 모두 천
년왕국에 들어갑니다.

예수님은 1차로 공중에 재림하시며(살전 4:16-17), 2차로 지상

에 재림하셔서(슥 14:4, 계 14:1-5), 진흙과 철로 이룩된 신상의 발과 발가락을 부수시고 하나님의 나라를 세우실 것이니 이때 비로소 예수님은 천년왕국의 왕으로서 온 세계를 다스릴 것입니다. (계 20:4)

하나님의 궁극적인 목적이 잃었던 에덴동산의 회복에 있습니다. 그러므로 우리는 깨어 예비하며 거룩한 옷을 입고 충성하다가 주님을 맞이한다면 주님의 나라에 들어가는 복락을 누리게 될 것입니다.

재림의 순서

보라 내가 속히 오리니
이 책의 예언의 말씀을
지키는 자가 복이 있으리라
하더라(계 22:7)

머리말

　성령님의 독촉에 의하여 복잡하고 난해한 미래의 사건, 즉 주님 강림과 연관된 사건들을 순서에 따라 말씀드리려고 합니다.

　예수님께서 강림하신다는 말씀이 신구약 성경을 통하여 300여 번이나 기록되어 있다고 합니다. 그 대표적인 성구가 욥기 19장 25절, 다니엘 7장 13절, 학개 2장 7절, 말라기 4장 1절-2절, 마태복음 24장 30절-31절, 26장 24절, 사도행전 1장 11절, 데살로니가전서 4장 16절, 계시록 1장 7절, 22장 20절입니다.

　예수님이 다시 오신다는 말씀은 구약에도 예언되었을 뿐만 아니라 예수께서도 직접 말씀하시고 천사와 바울과 사도들이 증거하였습니다. 예수님께서 언제 오시느냐를 어떻게 알 수 있으며 천지에는 무슨 징조와 사건들이 일어나는지 생각하면서 그 순서를 말씀드리려고 합니다.

신학을 아니한 사람이 재림을 논하다니 생각할까 하여 저를 소개하고자 합니다. 저는 1953년에 군에 입대한 뒤 예수님을 믿기 시작하였습니다. 처음엔 요한계시록은 너무 난해하여 읽지 아니하고 마태복음에서 유다서까지 한 주간에 한 번씩 읽었습니다. 그런데 어느 날 꿈속에서 신약성경 중 요한계시록만 붉은 형체로 성경제본이 펼쳐지는 것을 보고 "읽으라"라고 하시는 하나님의 뜻으로 알고 이해가 잘 안되었지만 읽었습니다.

어느 날 김응엽 목사님과 함께 야간성경학교에 가는 길에 그 목사님 자신은 월남하면서 굴속에서 요한계시록을 하루에 한 장씩 외웠다고 하시기에 저도 목사님과 같이 외우기를 결심하였습니다.

그 후 6개월 만에 모두 외웠습니다. 그 후에도 쉬지 않고 매일같이 외우다가 제대 후에는 외우는 일을 잊었습니다. 1964년 성령 받고 요한계시록 2장, 3장만 해석을 받았습니다.

성령님께서 깨우쳐 주신 한 절을 소개하면, 계시록 3장 13절의 빌라델비아 교회의 이기는 자에게 주시는 상급의 말씀인 12절에 성전의 기둥이 되게 하시겠다는 말씀에 대한 성령님의 해석,

※ 예수님이 세상에 두 번째 강림하사(욥 19:25) 그리스도의 왕국인(계 11:15) 천년왕국을 세우시면(계 20:4-6) 오대양 육대주, 즉 전 세계는 하나의 성전이 되고 성전에 12기둥을 세운다는 해석이 되었고 기둥이란 천년왕국의 야곱의 12지파들, 즉 족장들로서 분

봉왕을 의미한다는 해석이 있었습니다.

  그 외에는 부분적인 것만 환상과 음성으로 깨닫게 되었지만 너무 어렵고 놀라운 일이라 지금까지 망설여 왔으나 성령님의 독촉에 의하여 이 책을 펴내게 되었습니다.

1. 공중강림

1) 재림이 임박한 증거

가) 이스라엘 민족의 회복

(1) 열매 없는 무화과나무를 저주하심(마 21:19-22)

무화과나무는 이스라엘 민족을 상징하는바 A.D. 70년에 로마에 의하여 멸망함.

(2) 무화과나무의 소생(마 24:32-35)

이스라엘 민족 귀환령

이스라엘 독립 (1948. 5. 14.)

나) 세계 정치 형태

철과 진흙 공존(단 2:43)

붉은 정치 출현(계 13)

다) 사회 도덕성의 타락(마 24:37-39, 창 6:1-9)

　행위 포악, 사상 간악, 성 윤리 타락, 상행위 발달

라) 인지(認知) 발달(단 12:4)

　교통 신속, 과학 발달

마) 천지가 혼돈하고 공허하고 흑암에 쌓임

　(창 1:2, 렘 4:23, 딤후 3:1-9)

바) 여러 가지 재난들(마 24:3-12)

　이단, 전쟁, 기근, 지진, 증오, 무서운 일(Terrors 눅 21:11)

사) 교회의 형편들

　(1) 에베소 교회: 교리 논쟁으로 사랑을 잃음

　(2) 서머나 교회: 믿음 지키다가 환난과 궁핍당함

　(3) 버가모 교회: 황금만능의 사상이 팽배함

　(4) 두아디라 교회: 이세벨과 음행하는 기독교

　(5) 사데 교회: 영적 빈곤, 세계교회의 형편

(6) 빌라델비아 교회: 더러는 칭찬받음

(7) 라오디게아 교회: 경제발전이 신앙의 장애가 됨

무화과나무의 비유

마태복음 11장 28절에서 30절까지에는 온유하고 겸손하신 예수님의 마음을 배우라고 하셨고 마태복음 24장 32절에서 35절까지에는 무화과나무의 비유를 배우라고 하십니다.

"무화과나무의 비유를 배우라 그 가지가 연하여지고 잎사귀를 내면 여름이 가까운 줄을 아나니 이와 같이 너희도 이 모든 일을 보거든 인자가 가까이 곧 문 앞에 이른 줄 알라 내가 진실로 너희에서 말하노니 이 세대가 지나가기 전에 이 일이 다 이루리라"라고 하신 말씀을 풀이하면,

① 가지가 연하여짐은 1917년 11월 2일 영국외상 벨포어 선언에 의한 세계 65개국에 이산된 이스라엘 민족이 팔레스타인으로의 본격적인 귀환운동의 시작이며,

② 잎사귀를 냄은 A.D. 70년에 로마에 의해 멸망당한 이스라엘이 1948년 5월 14일 1878년 만에 독립국가가 됨을 뜻합니다.

③ 이 세대란 Generation으로 같은 세대의 사람들 또는 세대를 뜻하는 것으로 1948년 독립을 맞이한 이스라엘 국민뿐 아니라 당

시 생존한 세계 인류를 뜻하는 것입니다.

④ 인자가 문 앞에 이른 줄 알라 하심은 주님의 재림이 임박해 있음을 보여 주심입니다.

2) 공중강림

다니엘서 7장 13절에 "내가 또 밤 이상 중에 보았는데 인자 같은 이가 하늘 구름을 타고 와서 옛적부터 항상 계신 자 앞에 인도되매 그에게 권세와 영광과 나라를 주고 모든 백성과 나라들과 방언하는 자로 그를 섬기게 하였으니 그 권세는 영원한 권세라 옮기지 아니할 것이요 그 나라는 폐하지 아니할 것이니라"

위 말씀을 두 단계로 나누어 볼 때

① '인도되매' 이는 부활 승천을 의미하며, 요한계시록 5장에 "보좌에 앉으신 이의 오른손에 책이 있으니 안팎으로 썼고 일곱 인으로 봉하였더라, 어린양이 나아와서 책을 취하시니라" 하였으니 요한계시록의 말씀은 심판하는 권세와

② 다니엘 7장 13절 중반부터의 말씀은 하나님께서 만왕의 왕으로서의 자격과 통치권을 비로소 부여하시는 것입니다. 부활 승천하신 주님은 만왕의 왕으로서 세상을 통치하시나(단 2:47, 4:32) 곧바로 세상으로 오셔서 천국의 법으로 온 세상을 통치하심은 아닙

니다.

인간이 타락한 후 예수님이 다시 오셔서 세상을 심판하시고 사탄을 무저갱에 가두기 전까지 이 세상은 마귀의 지배 아래에 있는 것입니다. (엡 6:12, 눅 4:6)드디어 예수님은 만국을 다스리는 권세와 영광과 나라를 받으시고(단 7:14) 수많은 천군 천사와 함께 나팔을 불면서 공중까지 오시나니(살전 4:17), 이때의 세상 상황은 계시록 6장 12절-17절에 다음과 같이 명시되어 있습니다.

> "내가 보니 여섯째 인을 떼실 때에 큰 지진이 나며 해가 검은 털로 짠 상복같이 검어지고 달은 온통 피 같이 되며, 하늘의 별들이 무화과나무가 대풍에 흔들려 설익은 열매가 떨어지는 것 같이 땅에 떨어지며, 하늘은 두루마리가 말리는 것 같이 떠나가고 각 산과 섬이 제 자리에서 옮겨지매, 땅의 임금들과 왕족들과 장군들과 부자들과 강한 자들과 모든 종과 자유인이 굴과 산들의 바위 틈에 숨어, 산들과 바위에게 말하되 우리 위에 떨어져 보좌에 앉으신 이의 얼굴에서와 그 어린 양의 진노에서 우리를 가리라, 그들의 진노의 큰 날이 이르렀으니 누가 능히 서리요 하더라"(계 6:12-17)

3) 공중정화

공중에까지 오신 예수님은 지상으로 직행하시지 않습니다. (살전 4:16-17)

계시록 12장 10절에 "이제 우리 하나님의 구원과 능력과 나라와 또 그의 그리스도의 권세가 이루었으니 우리 형제들을 참소하는 자 곧 우리 하나님 앞에서 밤낮 참소하는 자가 쫓겨났고"라고 기록된바 공중에 자리하고 있던 마귀들을 모두 지상으로 내어 쫓아 공중을 정화할 것입니다.

2. 휴거

1) 부활

지상에 있는 성도들의 휴거가 있기 전에 낙원에 가 있던 성도들의 영혼이 무덤 속의 시신과 결합하여 부활함으로 땅위에 있는 성도들보다 먼저 주님 앞에 서게 됩니다.

"우리가 주의 말씀으로 너희에게 이것을 말하노니 주께서 강림하실 때까지 우리 살아 남아있는 자도 자는 자보다 결코 앞서지 못하리라"(살전 4:15)

2) 휴거

휴거란 말은 창세기 5장 24절에서 "에녹이 300년을 하나님과 동행하더니 하나님이 데려가심으로 세상에 다시 있지 아니하더라"

기록되었고, 히브리서 11장 5절에 "믿음으로 에녹은 죽음을 보지 않고 옮기었으니" 하였으니 이는 산몸으로 승천함을 의미하며, 열왕기하 2장 11절에도 "두 사람이 행하며 말하더니 홀연히 불 수레와 불 말들이 두 사람을 격하매 엘리야가 회리바람을 타고 승천하더라" 하였으니 이들 모두 휴거를 말합니다. 기름 준비한 다섯 처녀가 혼인잔치에 들어감도 휴거를 의미합니다. (마 25:10)

데살로니가전서 4장 13절-17절에 "주께서 호령과 천사장의 소리와 하나님의 나팔소리로 천히 하늘로 좇아 강림하시리니 그리스도 안에서 죽은 자들이 먼저 일어나고 그 후에 우리 살아남은 자도 저희와 함께 구름 속으로 끌어올려 공중에서 주를 영접하게 하시리니 그리하여 주와 항상 함께 있으리라" 하였으니 공중에서 항상 영원히 머물며 산다는 뜻은 아닙니다. 예수님 영접 후에는 여러 가지 사건이 있으니 즉 ① 공중혼연 ② 14만 4천인의 군대조직(미가엘 대군) ③ 지상강림 ④ 세상심판 ⑤ 지상에서의 천년왕국 건설이란 일들이 있습니다.

기억해야 할 것은 마지막 한 주간 가운데 전삼년반이 지난 뒤에 예수님은 공중강림 하십니다. (계 11:11) 전삼년반은 하나님 말씀에 대하여 불순종하는 인류에 대한 마지막 심판의 경고로 회개의 기회로 주시는 최후의 기회입니다.

노아는 양식과 짐승과 가족의 순으로 방주에 오르고 자기가 방주에 들어가면서 사방을 향하여 바라보며 외쳤을 것이며 하나님께서도 한 주간을 더 기다리셨습니다.

바로 왕에게도 회개의 기회를 주시고 니느웨 백성에게도 회개의 기회를 주셨습니다.

전삼년반 기간에는 여러 가지 기상이변으로 인하여 고난이 있으나 일반 성도들에게는 신앙생활에는 아무런 장애가 없고 도리어 경제가 윤택한 사람들은 '평안하다', '안전하다' 하며 사치와 방종에 흐르고 어려운 사람들은 생활의 염려로 마음이 둔하여 있다가(눅 21:34) 갑자기 예수님 공중강림을 맞이하게 될 것입니다.

계시록 11장의 전삼년반이 지나면 드디어 예수님은 천군 천사에 옹위되어 공중까지 오시게 됩니다. 이때 장엄한 나팔소리는 천지를 진동하며 하나님의 아들들이 나타나기를 고대하던 만물은 힘찬 찬양을 할 것이며 이때 준비된 성도들은 휴거의 은총을 입어 공중의 예수님 계신 곳까지 들려 올라갈 것입니다. 하나님 편에서는 끌어 올리고 사람 편에서 볼 때는 들려 올라간다는 형용으로 말하게 됩니다.

휴거의 은혜 입을 성도들

학생이 대학에 입학한다는 것은 고등학교 과정을 이수했다는 것을 전제로 하는 것과 같이 휴거될 성도들은 성경에서 요구하는 일

반적인 요건을 갖추어야 하는데 이에 특별히 요구되는 것은,

첫째, 예수님의 마음을 닮아 겸손해야 합니다.

교만한 사람들은 예수님 앞에 설 수가 없습니다. 모세는 겸손했으며 아브라함도 겸비했습니다. 교회에서나 사회에서나 어디에서나 조금 잘한 것, 나은 것이 있어도 겸손하여야 합니다.

저는 다음과 같은 꿈을 꾼 적이 있었습니다. 큰 분뇨 탱크가 있는데 그 안에는 움직이는 구더기로 가득 찼으며 그 가운데로 뱀이 한 마리 오가는 것을 보았습니다. 이 꿈을 통하여 "선하고 아름답게 창조된 세상은 분뇨 탱크처럼 더러워졌으며 인류는 구더기처럼 보잘것없는 존재가 되어 버렸구나"(욥 25:6)라고 생각했습니다. 하나님 앞에서 구더기 같았던 우리가 예수님 은혜로 하나님의 아들, 딸이 되었으며(요 1:12) 장차 나라 상속의 은혜(마 25:34, 단 7:18)를 입게 되었으니 겸손해야 합니다.

둘째, 성령 충만해야 합니다.

계시록 2장 1절-7절에 에베소 교회는 사랑을 버렸으므로 책망을 받았지만 잘한 일들을 살펴보면 믿음의 행위가 있고 신산한 수고를 했으며 어려운 일을 참아 견디었습니다. 악한 자는 가차 없이 용납지 않고 거짓 교사를 물리쳤으며 부지런하였으나 주님은 왜 책망하셨을까요? 거기에는 사랑이 없으므로 책망을 받았습니다. 예수님은 원수까지 사랑하라 하셨으니 원수는 아니지만 나를 미

위하는 사람을 사랑한다는 것은 성령 충만한 사랑의 은사가 아니고는 쉽지 않습니다.

이기는 자에 대한 약속은 생명나무 과실의 약속입니다. 이는 휴거자에게만 허용되는 것이지 땅에 있던 성도에게는 불허되는 것입니다. 기도 중에 박계성 집사님은 가볍게 공중으로 뜬 적이 있었습니다.

셋째, 은혜의 부름에 의해서만 예수님 앞에 나아갈 수 있습니다.

에스더 4장 11절을 보면 "무론 남녀하고 부름을 받지 않고 왕 앞에 나아가면 오직 죽이는 법이요 오직 왕이 그에게 금홀을 내어 밀어야 살 것이라" 하였는바 이웃 사람을 만나는 것은 찾아가서 들어오라 하면 쉽게 만날지 모르지만 왕을 만나는 것은 부름에 의해서만 만나는 것처럼 직위 높은 분을 만난다는 것은 그리 쉽지 않듯이 예수님께서 공중에 오셨을 때는 은혜의 부름에 의해서만 공중혼연에 참여할 것입니다.

3. 공중혼연

1) 혼연

들림 받은 성도들은 천군 천사의 인도를 받으며 주님 앞에 나아가게 되며 고대하던 영광의 주님을 뵙고 감격하여 무릎을 꿇고 한없이 울게 될 것입니다. 소망의 주님, 사랑의 주님, 영원히 함께하실 주님께 경배하고 즐거운 잔치가 배설될 것입니다.

2) 미가엘 군대 조직

결혼식이 아닌 혼인잔치가 끝나면 이스라엘의 군대장관 여호수아가 가나안 정복을 위해 군을 점검한 것 같이 이스라엘 열두지파 이름대로 군대를 편성하여 천부장, 백부장, 오십부장, 십부장, 패장의 두령과 군인의 직급이 주어질 것이며 예수님을 총사령관으로 하여 조직이 완료됩니다.

3) 휴거자의 무장

에베소서 6장 10절-20절에 하나님의 전신갑주를 입으란 말씀이 있으며 공중권세 잡은 마귀의 궤계를 대적하기 위하여 무장을 하는데, 여기에 기록된 무장은 영적 싸움을 위한 무장이거니와 출애굽기 4장에서 모세는 바로 왕과 싸워 자기 백성을 해방시키기 위하여 나무 지팡이가 있었고 가나안 칠족과 싸워 이기고 일찍이 열조에게 허락하신 땅을 정복하기 위하여 여호수아에게는 나팔과 법궤와 단창(수 8:18)이 있어 가나안 땅을 정복하였습니다. (수 19:49-51)

"말일 성도에게는 그날에 여호와가 예루살렘 거민을 보호하리니 그중에 약한 자가 다윗 같겠고 다윗의 집 족속은 하나님 같고 무리 앞에 있는 여호와의 사자 같을 것이라 예루살렘을 치러 오는 열국을 그날에 내가 멸하기를 힘쓰리라"(슥 12:8-9)

두아디라 교회에 이세벨의 교훈을 이기는 자에게는 철장의 권세를 주사 열방을 질그릇 깨뜨리는 것과 같이 파쇄하게 하신다는 말씀이 있은즉 말씀과 기도로 준비했다가 환난 날에 능력을 입으시지 않으시겠는가?

4. 지상환난(후삼년반)

에스겔 38장 14절-16절에 이르기를 "인자야 너는 또 예언하여 곡에게 이르기를 주 여호와의 말씀에 내 백성 이스라엘이 평안히 거하는 날에(암 9:11-15) 네가 어찌 그것을 알지 못하겠느냐 네가 네고토 극한 북방에서 많은 백성, 곧 다 말을 탄 큰 떼와 능한 군대와 함께 오되 구름이 땅에 덮임 같이 내 백성 이스라엘을 치러 오리라. 곡아 끝 날에 내가 너를 이끌어다가 내 땅을 치게 하리니 이는 내가 너로 말미암아 이방사람의 목전에서 내 거룩함을 나타내어 그들로 다 나를 알게 하려 함이라." 하였으니 이는 아마겟돈 전쟁을 의미합니다. (계 16:12-16) 이때에 바벨론의 멸망과 동시에 그의 운명은 불과 하늘의 유황으로 끝나고(겔 38:22) 일곱 중에 속한 여덟째 왕(계 17:11)에 의하여 지상에는 붉은 짐승시대가 열리게 되어(계 13:) 예언된 후삼년반의 환난이 있을 것입니다. (단 12:1, 말

4:1, 마 24:22)

　* 참고 성경: 마 13:11-13, 암 3:4

　지상 교회에는 들림 받지 못한 종들과 신자들이 회개의 기도
로 간절히 통곡할 것입니다. 세상은 어떻게 될까요? 붉은 짐승은
일곱 머리 열 뿔인데(계시록 13:1, 17:3, 7. 9), 일곱 머리는 일곱
왕이니라. (계 17:10) 사도요한 당시 A.D. 96년경 다섯은 망하고
① 애굽 ② 앗수르 ③ 바벨론 ④ 메데파사 ⑤ 헬라, 하나는 있고 ⑥
(로마) 다른 하나는 이르지 아니하였으나 이는 ⑦ 철의 대표국가
(단 2:33)입니다. 일곱 머리는 창세 이후 하나님께 대적하는 적기
독국가의 대표들입니다. 열 뿔이란 일곱째 머리에 속한 열 왕인 것
입니다. (계 17:12)

1) 바벨론의 멸망

　성경 해석 특히, 요한계시록을 해석함에 있어 가장 큰 오류는 계
시록 18장 7절에 여황으로 앉은 자라 하여 여자를 교회로 하여 바
벨론을 교황으로 아는 이도 있고 오늘날에 타락한 전 세계의 교회
로 아는 이도 있으나 모두 올바르지 못하고 바벨론은 곧 음녀인 것
입니다. (계 17:1-5)

　바벨론은 국가적 측면에서 보면 바벨이요(창 11:9), 종교적 측

면에서 보면 음녀요, 군사학적 측면에서 보면 정의의 상징인 백마를 탄 자입니다. (계 6:1-2) 바벨론에서 나오는 상품들은 금, 은, 보석, 진주는 희귀한 광물이고 세마포와 자주옷감과 비단과 붉은 옷감은 포목계의 사치품이고, 향목과 상아기명 나무와 진유와 철과 옥석으로 만든 기명은 의재료와 귀중한 기구이며, 계피와 향료와 향과 향유와 유향은 향속의 극귀품이고 포도주와 감람유와 고운 밀가루와 밀은 귀한 식료품입니다.

소와 양과 말과 수레는 중요한 가축과 승용물입니다. 여기에서는 종들의 인권을 빼앗고 노예로 취급합니다. 바벨론의 상품을 매매, 즉 무역하여 경제적으로 성장하였으며, 붉은 짐승이 제일 미워하는 음녀 바벨론입니다. 그러면 이것이 무엇을 의미하는지 지혜 있는 자는 알 것입니다.

소돔성이 성윤리 타락과 강포로 망하였다고 하면 오늘날의 소돔성은 지구상의 어느 나라일까요? 성경은 바벨론에서 나오라 하였는데 롯이 소돔성으로 들어간 것 같이 오늘날에도 롯과 같은 이가 없을까요?

예수님이 공중에 계시는 동안 지상에는 더욱 많아진 사단의 역사와 휴거된 성도들과 일월의 캄캄함과 별들의 떨어짐으로 인하여 혼돈과 흑암과 비극 속에서 사단은 붉은 짐승의 마음속에 증오의 마음을 일으켜 일시에 바벨론을 지상의 포화로 멸망시킬 것입니다. (계 17:16) 이로써 지상에 있는 성도의 권세는 꺾이게 될 것입니다. (단 7:21, 8:24, 12:7, 계 13:7)

2) 후삼년반의 환난

이는 개국 이래로 없었던 환난일 것이며(단 12:1, 말 4:1) 지상의 성도들은 마치 A.D. 70년에 로마의 군대에 의하여 포위된 예루살렘 거민과 같은 말로 형언할 수 없는 비극의 날이 될 것입니다. 예레미야는 자기 민족의 장래를 내다보고 울었습니다. (렘 9:1)

주님이 더디 오리라 하여 술친구들로 더불어 먹고 마시거나 믿음으로 구원받으리라 생각하고 노아 때 사람들처럼 환난의 날을 위해 기도로 예비하지 않고 있다고 하면 생각지 않는 날, 알지 못하는 때에 인자는 올 것입니다.

붉은 짐승의 정치내용(단 7:21, 8:24, 12:7, 계 13:7)

바벨론이 망하므로 성도의 권세는 깨지고 붉은 짐승은 권세가 막강하고 거역하는 민족이나 국가는 존재할 수도 없으므로 전 세계가 일시에 붉은 짐승의 통치하에 들어가게 됩니다. 그때에는 다음과 같은 일들이 있게 됩니다.

첫째, 계시록 13장 17절의 "누구든지 이 표를 가진 자 외에는 매매를 못하게 하니 이 표는 곧 짐승의 이름이나 그 이름의 수라"는 말씀처럼 물품매매는 엄격히 통제가 됩니다.

둘째, 다니엘서 9장 27절 "그가 장차 많은 사람들과 더불어 한 이 레 동안의 언약을 굳게 맺고 그가 그 이레의 절반에 제사와 예물을 금지할 것이며 또 포악하여 가증한 것이 날개를 의지하여 설 것이 며 또 이미 정한 종말까지 진노가 황폐하게 하는 자에게 쏟아지리 라 하였느니라 하니라" 말씀처럼 예배행위는 금지가 됩니다.

셋째, 계시록 13장 15절 "그가 권세를 받아 그 짐승의 우상에게 생기를 주어 그 짐승의 우상으로 말하게 하고 또 짐승의 우상에게 경배하지 아니하는 자는 몇이든지 다 죽이게 하더라"라는 말씀처 럼 우상숭배를 강요하고, 거절하는 사람들은 죽일 것입니다.

넷째, 다니엘 7장 25절 "그가 장차 지극히 높으신 이를 말로 대적 하며 또 지극히 높으신 이의 성도를 괴롭게 할 것이며 그가 또 때 와 법을 고치고자 할 것이며 성도들은 그의 손에 붙인 바 되어 한 때와 두 때와 반 때를 지내리라"라는 말씀처럼 성도들은 괴로움을 당하게 됩니다.

다섯째, 계시록 13장 16절 "그가 모든 자 곧 작은 자나 큰 자나 부자나 가난한 자나 자유인이나 종들에게 그 오른손에나 이마에 표를 받게하고" 이 말씀처럼 짐승의 표를 받게 할 것입니다.

3) 성도의 인내

이때 지상에 남아 있는 성도는 모두 환난을 통과하거나 보호를 입는 것이 아니고 다음과 같이 여러 부류로 갈라집니다.

가) 면제자

계시록 3장 10절에 "네가 나의 인내의 말을 지켰은즉 내가 또한 너를 지키어 시험의 때를 면하게 하리니 이는 장차 온 세상에 임하여 땅에 거하는 자들을 시험할 때라" 하였고 이사야 26장 20절에 "내 백성아 네 밀실로 들어가서 네 문을 닫고 분노가 지나기까지 잠깐 숨을지어다" 하였으니 이는 대 환난에서 보호받아 시험할 때에 면제되는 성도들입니다.

'밀실로 들어가서'라고 하심은 예수님 당시에 예루살렘이 군대에서 에워싸인 것을 보거든 그 멸망이 가까운 줄 아나니(마 24:15-21) "그때에 유대에 있는 자들은 산으로 도망할지며 성내에 있는 자들은 나갈지며 촌에 있는 자들은 그리로 들어가지 말지어다." 예수님의 이 경고의 말씀을 믿는 기독교인들은 A.D. 70년에 북부 펠라 지방으로 피난하여 생명을 보존했다는 말이 있습니다.

말씀을 지키었어도 성령 충만함을 받지 못하면 휴거의 결격사유
가 됩니다. (마 25:11-12)

나) 통과자

계시록 7장 9절-17절에 보면 "전 세계적으로 나오는 큰 무리가
있는데 손에는 종려나무 가지를 들고 구원하심이 보좌에 앉으신
이와 어린양에게 있도다 하며 찬양하는 무리는 큰 환난을 통과하
여 나오는 자들이라" 하였으니, 휴거의 은혜도 보호하심도 못 받았
으니 이 사람들은 마태복음 25장에 기름준비 없는 미련한 다섯 처
녀들이 신랑을 맞이하지 못하고 어두운 밤에 밖에 버려졌으니(계
6:9-11), 이는 환난에 들어감을 의미합니다.

예수님 당시에도 유대인들이 율법만 주장하고 하나님의 새 일을
알지 못하고 예수님을 십자가에 못 박았으니 장차 예수님 재림 전
에는 어떠할 것인가 믿어 구원, 죽어 천당만 전하며(마 24:45-51)
환난이 어떻게 온다는 것도 모르고 휴거도 모른 채, 반면 알아도 기
름 준비하지 않고 있는 사이 갑자기 환난에 들어가게 될 것입니다.

이 가운데 철저히 회개하고 짐승 표를 거부하며 죽으면 죽으리
라는 각오로 믿음 지키는(단 3:18) 성도들을 위해 하나님께서는 이
미 예정된 후삼년반이면 지상의 많은 성도가 육체구원(마 24:22)

받을 수 없게 되므로 그 환난의 날들을 대폭 감하여 환난 중의 성도들을 조금이라도 더 구원하려 할 것이다.

'감한다'라는 뜻을 오해하여 예수님이 2,000년 이내에 오실 것이라고 알고 있는 이도 있으나 이는 분명히 전삼년반이 지난 공중재림 후 후삼년반의 환난의 날을 감한다는 뜻입니다. (마 24:22) 인정이 깊으신 예수님은 지상의 성도들을 생각하사 환난의 날을 감하시어 성도들을 구원하시기 위해 지상 강림하실 것입니다.

다) 순교자

계시록 13장 15절에 "짐승의 우상에게 경배하지 아니하는 자는 몇이든지 다 죽이게 하더라" 하였으니 믿음 지키다가 순교하는 성도도 있을 것입니다. 다섯째 인을 떼실 때에 순교자의 탄원의 기도에 하나님의 응답이 순교자의 수가 차기까지 하라 하였으니 이도 순교를 의미합니다. (계 6:9-11)

라) 배도자

대 환난 때에 믿음을 배반하는 자도 있을 것입니다. (살후 2:3) 예수님이 지상에 강림하시어 심판하실 때 짐승의 표를 받은 자들에게는 독종이 발하며(계 16:2) 지옥의 형벌을 받아 세세토록 안식 없이 고통을 받게 될 것입니다. (계 14:9-11)

제2권 재림의 순서   *69*

5. 지상강림

1) 영광과 능력으로

　열 뿔 가진 붉은 짐승에 의하여 화려하고 사치했던 음녀 바벨론이 일시간에 불에 타서 망하고 나니 세상은 붉은 짐승의 시대가 시작되어 여자의 소원인 제사와 예물을 금지시킬 뿐더러(단 9:27) 우상경배를 강요하고 짐승의 표를 받지 아니한 자는 물건을 매매할 수 없으므로 지상에 남아 있는 성도들은 순교와 박해와 고난의 날이 계속되니 인정이 깊으신 예수님은 지상의 성도들을 생각하사 후삼년반 환난의 날을 다 채우시지 않고 대폭 감하시어 환난에서 성도들을 구원하기 위해 지상강림하실 것입니다.

　"여호수아가 백성의 유사들에게 명하여 가로되 진중의 백성에게 명하여 이르기를 양식을 예비하라 삼일 안에 너희가 이 요단을 건너 너희 하나님 여호와께서 얻게 하시는 땅을 얻게 하기 위하여 들어갈 것임이니라 하라"(수 1:10) 함과 같이 출동준비를 끝내고 예수님의 명령만 기다리다가 여호수아의 군대출동 순서와 같이 유다지파가 선봉에 들어갈 것이다.

천군천사의 옹위아래 예수님은 철장을 가지시고 들림 받은 성도들과 함께 지상강림 하실 것입니다. 미가엘 대군이란 전쟁을 담당한 하늘의 천군의 이름이요 지상에서 휴거된 성도의 군대조직도 14만 4천인이라 부르지 않고 미가엘 대군이라 부르게 될 것입니다. 이때 지상의 통신이 두절되고 창조주 예수님 앞에서는 포화가 멈추게 될 것입니다. 권능 받은 베드로의 말씀 한마디에 아나니아와 삽비라의 영혼이 떠나갔다라고 하면 전능하신 하나님의 아들 예수님의 말씀 한마디면 세계 인류의 영혼이 다 빠질 것이나 그 방법을 쓰시지 아니할 것입니다.(행 5:1-11)

2) 지상강림 장소

요단을 건너 가나안 땅에 들어간 여호수아의 군대는 길갈에 진영을 둔 것 같이(수 5:10) 예수님께서 지상 강림하시는 장소는 어디인가?

스가랴 14장 4절에 "그날에 그의 발이 예루살렘 앞 동편 감람산에 서실 것이요"(14:4-8 참조) 이 말씀은 무화과나무의 비유 "무화과나무의 가지가 연하여지고 잎사귀를 내면 여름이 가까운 줄 아나니 이와 같이 이 모든 일을 보거든 인자가 가까이 곧 문 앞에 이른 줄 알라"와 같이 예수님의 재림이 가까움을 보여 주시는 말씀입니다.

계시록 14장 1절의 "또 내가 보니 보라 어린 양이 시온 산에 섰고 그와 함께 십사만 사천이 서 있는데" 이 말씀대로 지상 강림은 시온 산에 진영을 둘 것입니다.

6. 만국심판

1) 성격

　가) 공평성: 사 11:3, 계 19:11, 15:4

　나) 타당성: 계 11:18, 19:2

　다) 보편성: 시 2:1-12

2) 방법

　창세기 19장에 보면 천사가 소돔성에서 의로운 롯을 이끌어 낸 다음 소돔성을 하늘의 유황으로 태우셨습니다. 마태복음 24장 31절에 "저가 큰 나팔소리와 함께 천사들을 보내리니 저희가 그 택하신 자들을 하늘 이 끝에서 저 끝까지 사방에서 모으리라" 하였으니 먼저 성도를 집합시키고 구름기둥으로 덮은 다음 태양의 강렬한 발열에 의하여 사람이 소멸될 것이란 말씀이 계시록 16장 18절에 있습니다. 이런 심판의 방법이 하루에 이루어지는 것이 아니고 점진적으로 세계에 확산되어 마침내 만왕의 왕을 대적하며 싸움을 일으킨 붉은 짐승과 그 앞에서 이적을 행하던 거짓 선지자가 잡히고 이 둘이 산 채로 유황불 붙는 무저갱에 갇히게 됩니다.

　노아 때에 모든 시체가 공중의 새 밥이 되었던 것 같이 끝날 심판 때에도 마찬가지로 처절할 것입니다. 이러한 심판은 계시록 14장과 19장에 다음과 같이 기록되어 있습니다.

> "또 다른 천사가 하늘에 있는 성전에서 나오는데 역시 예리한 낫을 가졌더라, 또 불을 다스리는 다른 천사가 제단으로부터 나와 예리한 낫 가진 자를 향하여 큰 음성으로 불러 이르되 네 예리한 낫을 휘둘러 땅의 포도송이를 거두라 그 포도가 익었느니라 하더라, 천사가 낫을 땅에 휘둘러 땅의 포도를 거두어 하나님의 진노의 큰 포도주 틀에 던지매, 성 밖에서 그 틀이 밟히니 틀에서 피가 나서 말 굴레에까지 닿았고 천육백 스다디온에 퍼졌더라"(계 14:17-20)

> "또 내가 보매 그 짐승과 땅의 임금들과 그들의 군대들이 모여 그 말 탄 자와 그의 군대와 더불어 전쟁을 일으키다가, 짐승이 잡히고 그 앞에서 표적을 행하던 거짓 선지자도 함께 잡

구원론과 재림의 순서

혔으니 이는 짐승의 표를 받고 그의 우상에게 경배하던 자들을 표적으로 미혹하던 자라 이 둘이 산 채로 유황불 붙는 못에 던져지고, 그 나머지는 말 탄 자의 입으로부터 나오는 검에 죽으매 모든 새가 그들의 살로 배불리더라"(계 19:17-21)

3) 세상의 형편

말라기 4장 1절-3절에 "만군이 여호와가 이르노라 보라 극렬한 풀무불 같은 날이 이르리니 교만한 자와 악을 행하는 자는 다 초개 같을 것이라 그 이르는 날이 그들을 살라 그 뿌리와 가지를 남기지 아니할 것이로되 내 이름을 경외하는 너희에게는 의로운 해가 떠올라서 치료하는 광선을 발하리니 너희가 나가서 외양간에서 나온 송아지 같이 뛰리라 또 너희가 악인을 밟을 것이니 그들이 나의 정한 날에 너희 발바닥 밑에 재와 같으리라 만군의 여호와의 말이니라"

"밤나무, 상수리나무가 베임을 당하여도 그 그루터기는 남아 있는 것 같이 거룩한 씨가 이 땅의 그루터기니라"(사 6:13) 하셨으니 예수 믿고 구원 얻어(행 16:31) 그루터기의 복을 누리시길 빕니다.

4) 이단과 맹종자들

마태복음 13장 24절-30절에 가라지는 단으로 묶고 불사른다는 말씀은 이단의 총칭이며 최후 심판입니다.

"예수께서 그들 앞에 또 비유를 들어 이르시되 천국은 좋은 씨를 제 밭에 뿌린 사람과 같으니, 사람들이 잘 때에 그 원수가 와서 곡식 가운데 가라지를 덧뿌리고 갔더니, 싹이 나고 결실할 때에 가라지도 보이거늘, 집 주인의 종들이 와서 말하되 주여 밭에 좋은 씨를 뿌리지 아니하였나이까 그런데 가라지가 어디서 생겼나이까, 주인이 이르되 원수가 이렇게 하였구나 종들이 말하되 그러면 우리가 가서 이것을 뽑기를 원하시나이까, 주인이 이르되 가만두라 가라지를 뽑다가 곡식까지 뽑을까 염려하노라, 둘 다 추수 때까지 함께 자라게 두라 추수 때에 내가 추수꾼들에게 말하기를 가라지는 먼저 거두어 불사르게 단으로 묶고 곡식은 모아 내 곳간에 넣으라 하리라"(마 13:24-30)

5) 타 종교인

창세 이후로 하나님께서는 지구상에 많은 종교와 문화가 있어 공존하게끔 은혜로 두사 어두운 밤에 별빛과 같이 인간의 길을 밝혔으나 태양이 떠오르면 별빛이 가리우고 온 땅이 밝게 되는 것 같이 예수님의 태양과 같은 빛 앞에서는 다 가려 보이지 아니할 것입

니다. 구원은 오직 예수님이요 다른 이름으로는 구원 얻을 수 없습니다. (행 4:12)

예수님 재림 시 회개의 기회를 잠깐 주십니다. 미련한 다섯 처녀가 기름을 사러 간 동안의 시간이 있으니 예수님 공중재림 즉시 회개하고 믿으면 주님의 오른편 강도와 같이 영혼 구원을 받습니다. (눅 23:43)

7. 사단 금고
– 무저갱에 천 년간 그리고 평화의 세계

　여호수아가 가나안 땅을 정복한 것 같이 만국심판이 끝나면 마귀 사단들은 남김없이 무저갱에 감금될 것입니다. 금고 되는 기간은 예수님의 통치 기간과 같은 1,000년간으로(계 20:1-2) 사단이 금고 되면 질병(사 65:22), 불화(계 20:3), 범죄(단 9:24), 전쟁(사 2:4)이 없어지고 평화로운 세상이 될 것입니다.

8. 천년왕국 건국

1) 한 나라

　다니엘 2장 34절에 "진흙과 철로 이룩된 신상의 발과 발가락이 산에서 사람의 손을 대지 아니한 뜨인 돌에 의하여 여름 타작마당에 겨 같이 되어 바람에 불려 간 곳이 없고 신상을 친 돌은 태산을 이루어 천하에 가득하였나니" 하심은 세상은 죄로 인하여 예수님에 의하여 심판을 받게 되고, 세상은 돌 세상인 성도의 나라가 됩니다.

　　"지극히 높으신 이의 성도들이 나라를 얻으리니 그 누림이 영
　　원하고 영원하고 영원하리라"(단 7:18)

　이때에 하늘에 계신 하나님께서 한 나라를 세우시나니 이것은 영원히 망하지도 아니할 것이요 도리어 이 모든 나라를 쳐서 멸하

고 삼켜 영원히 설 것이라(단 2:44) 하였으니 세계(오대양 육대주)는 통일된 한나라로 설 것입니다. 물론 천년왕국의 영역은 지구이며 지상 천년왕국입니다.

 * 참조: 이명직 목사 저 기독교의 四大복음 제 六장 천년왕국시대 제 三절 천년시대의 축복

2) 국호

국호는 '이스라엘'이라 칭할 것입니다. 마태복음 19장 28절에 "예수께서 가라사대 내가 진실로 너희에게 이르노니(구역: 인자가 중흥하여) 세상이 새롭게 되어 영화로운 보좌에 앉을 때에 나를 좇는 너희로 열두 보좌에 앉아 이스라엘 12지파를 심판하리라"

누가복음 22장 29절-30절에 "내 아버지께서 나라를 내게 맡기신 것 같이 나도 너희에게 맡겨 너희로 내 나라에 있어 내 상에서 먹고 마시며 또한 보좌에 앉아 이스라엘 12지파를 다스리게 하려 하노라" 하셨으니 국호를 야곱이 얍복 나루에서 천사와 씨름하여 이겨 얻은 이름과 같은 이스라엘로 할 것입니다.

3) 수도

이사야 2장 2절-3절, 미가 4장 1절-2절에 "말일에 이르는 여호와의 전의 산이 모든 산 꼭대기에 굳게 설 것이요 모든 작은 산 위

에 뛰어나리니 만방이 그리로 모여들 것이라. 곧 많은 이방이 가며 이르기를 오라 우리가 여호와의 산에 오르며 야곱의 하나님의 전에 이르자 그가 그의 길을 우리에게 가르치실 것이라. 우리가 그 길로 행하리라 하리니 이는 율법이 시온에서부터 나올 것이요 여호와의 말씀이 예루살렘에서부터 나올 것임이라" 이 말씀에서 주목해야 할 것은 이사야 선지자나 미가 선지자가 팔레스타인 본국의 견지에서 볼 때 '몰려갈 것이라', '가며 이르기'입니다.

계시록 3장 12절과 21장 2절의 말씀대로 천년왕국의 수도는 새 예루살렘으로 정할 것입니다.

4) 조직

세계가 통일된 한나라요 12지파라 하였으니 12행정구역으로 분할 편제하여 족장들 즉 분봉 왕을 파송할 것입니다.

계시록 12장 5절의 내용을 국무총리 위치에 배열한 것은 밧모섬에 유배된 사도 요한에게 A.D. 96년경에 계시한 이때는 예수님이 부활승천 하시어 하나님 보좌 우편에 계실 때였고(행 7:56), 계시록 4장 1절에 "이 일 후에 내가 보니 하늘에 열린 문이 있는데 내가 들은바 처음에 내게 말하던 나팔소리 같은 그 음성이 가로되 이리로 올라오라. 이후에 마땅히 될 일을 내가 네게 보이리라 하시더라" 하셨으니 여기에서 말하는 이후란 A.D. 96년 이후로 해석해야 합니다. 그래서 12장 5절 말씀에 나오는 '여자가 낳은 아들'은 예수님이 아니고 장차 철장으로 만국을 다스릴 국무총리를 의미하는 것입니다.

아울러 창세기 37장 9절에 나오는 '해와 달과 열한 별'(요셉 제외)과 계시록 12장 1절의 '해와 달과 열 두 별'은(계 12:1) 짝이 되는 말씀입니다. 그래서 국무총리와 12지파를 조직도에 함께 배열한 것입니다.

참고로 짝이 되는 말씀은 이사야 34장 16절에 다음과 같은 기록이 있습니다. "너희는 여호와의 책에서 찾아 읽어보라 이것들 가운데서 빠진 것이 하나도 없고 제 짝이 없는 것이 없으리니 이는 여호와의 입이 이를 명령하셨고 그의 영이 이것들을 모으셨음이라"

5) 통치자들

천년왕국에 관심이 있는 사람이면 어느 누가 세계를 통치할 것인가 하는 문제에 관심을 갖게 될 것입니다. 이스라엘 민족이 세계를 통치하느냐? 세계 만국 중에서 선발되어 나오느냐? 다른 한 민족이 새 나라를 다스릴 것이냐?

출애굽기 19장 5절-6절에서 하나님은 이스라엘 백성에게 이같이 말씀하셨습니다. "세계가 다 내게 속하였으니 너희가 내 말을 잘 듣고 내 언약을 지키면 너희는 열국 중에서 내 소유가 되겠고 너희가 네게 대하여 제사장 나라가 되며 거룩한 백성이 되리라 너는 이 말을 이스라엘 자손에게 고할지니라" 이 말씀을 보아 이스라엘 민족을 장자로 삼으셨습니다.

그러나 그 특권과 축복의 유지 계속은 하나님의 말씀을 잘 듣고 언약을 지켜야 계속됩니다. 듣지 않고 언약을 안 지키면 신명기 28장 15절-68절의 저주의 말씀이 이루어집니다. 이스라엘 민족의 결과는 어떠했습니까?

이사야 5장 1절-2절에 애절한 노래가 있습니다.

"내가 사랑하는 자를 위하여 노래하되 나의 사랑하는 자의 포도원을 노래하리라 나가 사랑하는 자에게 포도원이 있음이여 심히 기름진 산에로다. 땅을 파서 돌을 제하고 극상품 포도나무를 심었도다. 그중에 망대를 세웠고 그 안에 술틀을 팠었도다. 좋은 포도

맺기를 바랐더니 들 포도를 맺혔도다." 하나님의 기대하심이 공평
이었으나 도리어 포악이요 의로움을 바라셨더니 도리어 부르짖음
이었다고 탄식하였습니다.

에서는 태어나기는 장자로 태어나서 아우 야곱에게 장자의 축복
을 빼앗기고 므낫세도 장자로 태어나서 아우 에브라임에게 장자
의 축복을 빼앗겼습니다.

기록된바 야곱은 사랑하고 에서는 미워하심과 같고(롬 9:1-13)
에브라임은 나의 장자니라(렘 31:9)하였으니 이는 이스라엘 민족
이 장자의 특권을 빼앗길 예표입니다.

6) 백성

천년왕국의 백성들은 대 환난 때 보호받은 성도들과(계 3:10) 환
난을 통과하여 나온 셀 수 없는 많은 무리뿐입니다.

"이 일 후에 내가 보니 각 나라와 족속과 백성과 방언에서 아
무도 능히 셀 수 없는 큰 무리가 나와 흰 옷을 입고 손에 종려
가지를 들고 보좌 앞과 어린 양 앞에 서서"

붉은 짐승은 후삼년반 동안에(단 9:27) 전 세계를 통치하게 되는
데(계 13:7) 새끼 양은 짐승의 우상을 만들고 짐승의 우상에게 경배

하게 하며 오른손이나 이마에 짐승의 이름이나 짐승의 이름의 수의 표를 받게 합니다. 이때 우상경배를 거역하면 죽이고(계 13:15) 짐승의 이름이나 수의 표가 없는 자는 물품 매매를 못하게 합니다. (계 13:17)

이런 붉은 짐승의 정치하에서 불신자들은 특별한 어려움을 당하지 않습니다. 불신자들은 우상을 경배하고 짐승의 표를 받는 것을 거절하기보다는 죄로 여기지 않으면서 쉽게 받아들이기 때문입니다. 그러나 하나님을 섬기는 기독교인들에게는 우상에게 절하는 것은 하나님의 제2계명을 범하는 것입니다. 표를 받는 자는 계시록 14장 9절에서 11절에 말씀하시기를 "또 다른 천사 곧 셋째가 그 뒤를 따라 큰 음성으로 가로되 만일 누구든지 짐승과 그의 우상에게 경배하고 이마나 손에 표를 받으면 그도 하나님의 진노의 포도주를 마시리니 그 진노의 잔에 섞인 것이 없이 부은 포도주라 거룩한 천사들 앞과 어린 양 앞에서 불과 유황으로 고난을 받으리니 그 고난의 연기가 세세토록 올라가리로다 짐승과 그의 우상에게 경배하고 그 이름의 표를 받는 자는 누구든지 밤낮 쉼을 얻지 못하리라 하더라" 하셨으니 절대로 우상에 경배하거나 표를 받지 말아야 함을 명심해야 합니다.

공중에 휴거되지 못하고 지상에 남아서 환난을 면한 자와(사

26:20, 계 3:10) 환난 통과자들은 짐승의 우상에게 경배하지 아니하고 이마나 손에 표를 받지 않고 환난 기간을 넘긴 성도로서 승리의 상징인 종려나무 가지를 들고 나온다는 말씀이 계시록 7장 9절-14절에 있습니다.

이 사람들이 천년왕국에서 포도원을 재배하고 그 열매를 먹으며 장수하며 복을 누리는 것입니다. 그러므로 천년왕국의 백성들은 환난을 면한 자와 환난을 통과한 자들입니다.

예수님의 민족관 국가관 장자관

- 민족관

마태복음 8장 11절-12절을 보면 예수님은 이스라엘 민족의 장래에 대해서 이렇게 말씀하셨습니다.

"또 너희에게 이르노니 동서로부터 많은 사람이 이르러 아브라함과 이삭과 야곱과 함께 천국에 앉으려니와 나라의 본 자손들은 바깥 어두운데 쫓겨나 거기서 울며 이를 갊이 있으리라"

- 국가관

마태복음 21장 19절에 예수님이 무화과나무를 향하여 저주하신 말씀이 있습니다.

"길가에 열매 없는 무화과나무에게 저주하시기를 이제부터 영원토록 네게 열매가 맺지 못하리라 하시니 곧 마른지라" 무화과나무는 이스라엘 나라의 상징으로서 이는 열매 없는 민족이 주후 70년에 로마에 의하여 멸망할 예표로서 그대로 성취되었습니다.

예수님께서는 포도원의 불의한 농부 비유, 즉 마태복음 21장 43절에서 "하나님의 나라를 너희는 빼앗기고 그 나라의 열매 맺는 백성이 받으리라" 하셨으니 이스라엘이 주권 회복과 독립은 성취하지만 제사장 나라의 축복을 빼앗긴다는 말씀입니다.

- 장자관

야곱과 에브라임이 차자로 태어났으나 장자의 축복을 받았다는 말씀은 신·구약을 통하여 일관된 말씀입니다. 이스라엘이 주권 회복과 독립은 되었지만 열매는 맺지 못하게 될 것입니다. 이스라엘 민족을 통하여 아브라함에 약속하신 대로 예수님이 나셨으나 십자가에 못 박아 죽이고 사도들을 죽이고 복음의 원수가 되어 아직도 회개치 않은 채 시편 2편에 기록된 왕적인 메시아만을 대망하고 있습니다.

이스라엘 민족을 통하여 새 역사를 이룰 수 없습니다. 데살로니가전서 2장 15절-16절에 "유대인은 주 예수와 선지자들을 죽이고 우리를 쫓아내고 하나님을 기쁘시게 아니하고 모든 사람에게 대

적이 되어 우리가 이방인에게 말하여 구원 얻게 함을 저희가 금하여 자기 죄를 항상 채우매 노하심이 끝까지 저희에게 임하였느니라"라고 기록되어 있어 이스라엘 민족은 영원히 열매를 맺을 수 없습니다.

1965년 12월 19일자 복음신문 3면에 일본 기독교 성협단 대표 3명 중 야나가 목사는 "한국은 천국 건설을 할 수 있는 하나님이 택정하신 민족이며 이스라엘의 피를 이어받은 백성"이라고 자기의 오랜 연구를 통하여 얻은 소신을 밝히었고 덧붙여 "한국이 현재 고난받는 것은 하나님의 특별하신 사랑 중에 연단을 받게 하고자 하는데 있음으로 불원한 장래에 물질적으로도 크게 축복을 받을 것이라"라고 하였다. 또한 야나가 목사는 30여 년간을 두고 다니엘, 이사야, 계시록 등의 예언서를 공부하던 중 얻은 자기의 확고한 신념이라고 전제하면서 앞으로 한국은 크게 국위를 선양할 것이라고 말하였습니다.

57년이 지난 지금, 한국이 경제적으로 발전했고 국위를 세계만방에 드높이었던 것이 결코 우연이 아닙니다.

김유정 목사님이 오래전에 멕시코에 부흥회 차 갔을 때 여관에 들었는데 일본에서 온 90세 된 노인 목사님과 통성명을 하고 한국에서 온 목사라고 하니 젊은 목사에게 절하려 하여 만류하였더니 "한국은 하나님의 종주국이다"란 꿈을 15년 전에 꾸었다며 종주국에서 오신 목사님이니 절 받으라고 강권하여 상례를 한 적이 있었다고 합니다.

계시록 7장의 인 맞은 이스라엘의 12지파를 해석함에 있어 12지파의 인 맞은 자는 이스라엘의 빼앗긴 복을 받게 되는 어느 민족의 교회 성도를 의미하는 것입니다.

저는 성경을 읽다가 놀라운 사실을 알게 되었습니다. 배우고 들어도 깨달음이 없는 사람들이 있는데 야곱은 어머니 배 속에서 장자가 되어야 복을 받겠다고 하여 모태에서부터 경쟁하였고(창 25:23-26) 천국은 힘쓰는 자가 빼앗는다(마 11:12)라고 하면 천국의 열매 맺기를 위해서 힘써야 한다는 사실을 기억해야 합니다.

7) 건국 경축행사(지상혼연)

계시록 19장 9절에 "천사가 내게 말하기를 기록하라 어린양의 혼인잔치에 청함을 입은 자들이 복이 있도다 하고 또 내게 말하되 이것은 하나님의 참되신 말씀이라 하기로" 이 말씀은 천년왕국 건국 경축식에 초청장을 성도들에게 발부할 것이며 초청장을 발부받는 성도는 복되다는 말씀입니다.

이 행사는 인류의 역사가 있는 이후로 가장 장엄하고도 영광스러운 식전이 될 것입니다. 그립고 그립던 예수님, 지상에 내려온 천군천사, 휴거되었던 성도들, 하늘의 군악대, 지상의 찬양대, 질서를 맡은 요원들, 그 모든 시설들, 사회자, 기도순서 맡은 자, 설교, 축사, 열 고을, 다섯 고을 다스릴 직분자의 호명, 면류관 씌워 주심…. 몇 날 며칠을 두고 행하여질 것이 아닌가! 하나님께서 얼마나 고대하신 경사스러운 날인가! 지금까지 보지도 상상도 못한 장엄한 일들이 있을 것입니다.

9. 통치 천년
– 예성헌장 제二장 신조 제10절 천년왕국

1) 천년시대의 의의

천년왕국이라 함은 예수께서 땅으로 강림하사 만국을 심판하고 사탄을 잡아 무저갱에 가둔 후 건설할 메시야의 축복받는 천년왕국이다. 이는 안식의 시대요(히 4:6-10) 해방의 희년이며(사 61:2, 렘 25) 에덴의 회복이며(사 35:1-2, 행 3:21) 예언의 성취요(사 9:6-7, 11:6-9) 주기도문의 성취의 시대이다. (마 6:10)

2) 형편

(1) 세상 형편

이 시대는 성결의 시대요(슥 14:20) 평화의 시대요(사 2:4) 통일의 시대이다. (엡 1:10, 슥 9:10) 곧 온 세계가 그리스도에 귀일하는 시대이다.

(2) 물질세계의 형편

토지가 회복되고(사 35:15), 식물이 회복되고(사 55:13) 물이 회복되는 시대이다. (사 11:6-9)

(3) 인간세계의 형편

수명이 회복되고(사 65:20) 육체가 회복되고(사 35:5-6), 지식이 회복되는 시대이다. (사 11:6-9)

3) 정치

이 시대의 정치는 그리스도께서 만왕의 왕으로 온 세계를 다스리시고 성도들이 주와 같이 왕 노릇 할 것이며(계20:4-6, 17:14, 슥 14:16) 이 시대의 백성은 육체를 가진 사람과 영체를 가진 사람이 공동생활 하는 이상적 세계요 행복한 시대이다.

10. 사단 석방

천년왕국에 들어간 성도들과 천년왕국 동안 출생하여 천년말기에 살아 있는 사람들 중에는 휴거되었던 성도들이 천년왕국의 족장들로서 통치자로서 변화 없이 통치에 참여함과 예우로 하여 석연치 않음이 의식 속에 잠재해 있다가 천년 말기에 무저갱에 금고되었던 사단을 석방하니 사단이 곡과 마곡의 사람들을 미혹하여 예루살렘을 공략하여 변화 없는 통치와 법과 질서에 일대 반기를 들게 된다. 이때 미혹 받게 되는 곡과 마곡지역은

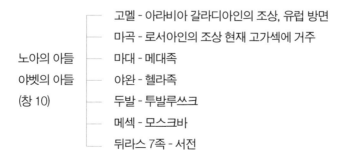

노아의 아들
야벳의 아들
(창 10)

고멜 - 아라비아 갈라디아인의 조상, 유럽 방면
마곡 - 로서아인의 조상 현재 고가섹에 거주
마대 - 메대족
야완 - 헬라족
두발 - 투발루쓰크
메섹 - 모스크바
뒤라스 7족 - 서전

세계만국이 12행정 구역으로 분할·편제되어 있기에 곡과 마곡 지역은 다음과 같을 것이다. 사사기 21장 6절에는 7계 문제로 베냐민지파가 끊겼고 신약시대에는 예수님의 끝 제자가 끊겼으니 이러한 흐름으로 이어진다면 곡과 마곡지방은 베냐민 지파의 행정구역이니 북쪽 지방일 것입니다.

사탄의 유혹을 받아 에덴동산에서 금령의 선악과를 먹은 결과는 아담 자신과 후세 온 인류에게 저주와 사망과 고통을 가져왔거늘 하나님의 아들 예수님이 죽음으로서 죄를 도말하시고 붉은 짐승과 싸워 이겨 나라를 세우시고 하나님의 뜻을 성취하며 통치함에 반항한 결과는 어떠할 것인가?

하늘의 불로 반항자들은 소멸되고 사단은 영원히 지옥에 금고된다. 지구상에는 많은 활화산이 있으며 분화구 또한 무수하며 땅속에는 불이 있다. 이 불이 솟아오르는 활화산의 분화구 중의 하나는 지옥의 실체가 될 것입니다. (환상에서.)

11. 백보좌 심판

1) 심판의 면제자

① 순교자들의 영과

② 천년왕국에서 출생하여 살아 있는 사람들

③ 신약시대에서 믿고 죽은 영혼들

④ 구약시대에 낙원에 가 있는 영들

⑤ 죄를 알지 못하고 죽은 믿는 자의 자녀들의 영들

2) 심판받을 자

① 창세 이후에 죽은 사람들의 영들이 부활하여 심판을 받게 됨

② 사탄의 유혹받아 반항했던 무리들의 영들

3) 심판정은 백보좌(계 20:11)

4) 심판자는 예수님(사 11:3-4)

5) 심판 내용: 행위, 언어, 사상(시 139:1-2, 유다 15)

12. 영원무궁 세계

창세 이후에 선악간의 심판이 끝나고 사단도 영원히 무저갱에 갇히고 나면 영원한 평화와 사랑의 세계, 신천신지가 재창조됩니다.

신천신지의 개념 – 신창조론과 개조론

요한복음 14장 1절에서 7절을 보면 "내 아버지 집에 거할 곳이 많도다. 그렇지 않으면 너희에게 일렀으리라 내가 너희를 위하여 처소를 예비하러 가노니 가서 처소를 예비하면 내가 다시 와서 너희를 내게로 영접하여 나 있는 곳에 너희도 있게 하리라" 이 말씀을 보아 기존의 지구가 아닌 외계로 이주하여 간다고 생각할 수 있으나 영문성경을 읽어 보면 거할 곳은 'Rooms'로 처소는 'Place'로 번역되어 성도가 숨질 때 영혼이 천사의 손에 받들려 가는 아브라함의 품인 낙원을 의미하는, 즉 개인의 종말을 뜻하는 것으로 이해

되며 새 하늘과 새 땅이란? 그런즉 누구든지 그리스도 예수 안에 있으면 새로운 피조물이라 이전 것은 지나갔으니 보라 새것이 되었도다. (고후 5:17)

새 사람이란 오직 심령으로 새롭게 되어 하나님을 따라 의와 진리의 거룩함으로 지으심을 받은 새 사람을 입으라(엡 4:23-14) 하였으니 심령이 새롭게 되어 행위가 거룩하게 됨을 뜻함이니 신천신지라 함은 저주가 없어진 개조된 새 하늘과 새 땅인 것으로 이해를 해야 합니다.

영원무궁 세계의 형편

생명나무의 과실의 출현(계 22:2)으로 생명나무의 과실을 먹고 영원무궁 세계에 들어간 성도들은 영원히 죽음이 없으며, 자녀 생산이 없으며 육체는 갖고 있으나 천사와 같고, 부부는 있으나 해산의 고통이 없는 타락하기 전의 에덴입니다.

하나님의 보좌와 하나님의 형상 – 형상의 외면성과 내면성

창세기 1장 26절에 하나님이 가라사대 우리의 형상을 따라 우리 모양대로 우리가 사람을 만들고….

여기 형상은 외적인 형상으로 고린도전서 11장 7절에 남자는 하나님의 형상과 영광이니라 하셨으니 외면적인 형상이고, 갈라디아서 4장 19절에 나의 자녀들아 너희 속에 그리스도의 형상이 이루기까지 다시 너희를 위하여 해산을 하는 수고를 하나니…. 이는 내면적인 형상으로서(참고: 고후 4:4, 골 1:15) 아담이 범죄 한 후 하나님의 영광의 형상을 볼 수 없었으나 영원무궁 세계에서는 하나님의 보좌가 지상 예루살렘 성전에 있으며(계 22:10-11) 그의 종들이 그를 섬기며 하나님의 얼굴을 뵙게 됩니다.

오직 심령으로 새롭게 되어 하나님을 따라 의와 진리의 거룩함으로 지으심을 받은 새사람을 입으라 하셨으니(엡 4:23-24) 하나님의 내면적인 형상을 말씀하고 있습니다.

필자가 새벽에 기도하고 있을 때의 경험입니다. 저의 허리가 구푸려지더니 이마가 바닥에 닿았습니다. 잠시 후 금빛 나는 네 영물의 형상이 보였습니다. 사자, 송아지, 사람, 독수리(계 4:7)의 입을 움직이는 모양은 보았으나 찬송은(계 4:8) 들리지 않았습니다. 잠시 후 사람의 모양과 같은 영광의 형상이 허리 위만 보였고(겔 1:26-27) 잠시 후 영광의 형상은 사라지고 필자는 몸을 일으켜 세웠습니다.

부록

1. 노아의 방주와 홍수

창세기 6장에서 9장까지의 대홍수에서 살아남은 노아와 부인, 아들 셋, 자부 셋 모두 합하여 여덟 식구만 방주 안에서 살아남았다면, 노아의 아버지와 할아버지는 어떻게 되었을지 궁금하여, 그 연도를 계산해 보았습니다.

아버지 라멕은 홍수 5년 전에, 할아버지 무두셀라는 홍수가 나던 해에 세상을 떠났습니다.

이름	아들 낳은 나이	아들 이름	더 삶	죽음
아담	130	셋	800	930
셋	105	에노스	807	912
에노스	90	게난	815	905

게난	70	마할랄렐	840	910
마할랄렐	65	야렛	830	895
야렛	162	에녹	800	962
에녹	65	무두셀라	300	승천
무두셀라	187	라멕	782	969
라멕	182	노아	595	777
노아	500	셈, 함, 야벳		
	홍수가 난 해 600세		350	950

　라멕은 노아를 낳은 후 595년을 더 살았으므로, 라멕이 죽은 지 5년 후에 홍수가 났고, 조부 무두셀라는 187세에 라멕을 낳고 782년을 더 살았으며, 라멕은 182세에 아들 노아를 낳았으므로, 무두셀라가 라멕을 낳고 782년을 더 산 나이에서 라멕이 노아를 낳을 때 나이(182)를 빼면 노아가 600세일 때 무두셀라가 세상을 떠나게 됩니다.

　노아의 600세 되던 해 2월 17일에 홍수가 시작되었다고 성경은 기록하고 있으므로, 홍수가 나던 해에 무두셀라가 죽었음을 알 수 있습니다.

　※ 무두셀라 = 그가 죽으면 세상 끝이 온다.

※ 노아의 가족과 짐승들이 방주 안에 있었던 날은 모두 며칠 인가?

1. 방주에 들어간 날: (600세) 2월 10일, 7장 10절, 7일 후 홍수 시작
2. 홍수가 시작된 날: 2월 17일, 7장 11절-12절
3. 방주가 땅에서 오름: 7장 17절
4. 방주가 아라랏산(5,137m)에 머무름: 8장 4절
5. 물이 걷힘: (601세) 1월 1일, 8장 13절
6. 지면이 마름: 2월 27일, 8장 14절
7. 방주에서 나온 날: 2월 27일, 8장 15절

382일(365+17) 동안 노아의 가족과 짐승들이 방주 안에 있었습니다.

2. 애굽에 내려간 66명과 75명의 조화

창세기 46장 26절에 "야곱과 함께 애굽에 이른 자는 야곱의 자부 외에 66명이니 이는 다 야곱의 몸에서 나온 자며" 하였고, 반면, 사도행전 7장 14절을 보면 "요셉이 보내어 그 부친 야곱과 온 친족 일흔 다섯을 청하였더니" 여기에서 스데반은 9명을 더 계수하였습니다.

창세기 46장 26절에는 자부가 제외되었고, 사도행전에는 친족이 포함되었는데 그 친족의 범위로 자부가 포함됩니다.

애굽에 있는 요셉의 아내 아스낫을 제외하고, 야곱의 아들 모두 12명 가운데, 가나안에 있는 아들 11명에 자부 11명이 계수되어야 하지만, 창세기 38장 12절에 유다는 아내(수아의 딸)을 잃고 홀아

비로 있다가 애굽에 내려갔고, 다른 한 형제가 홀아비로 애굽에 간 것입니다.

그러므로 애굽에 내려간 자부는 11명이 아니고 9명이므로 야곱의 몸에서 난자 66명과 자부 9명을 합하여 모두 75명이 애굽으로 갔습니다.

3. 지구는 다 타는가?

베드로후서 3장 7절 "이제 하늘과 땅은 동일한 말씀으로 불사르기 위하여 간수 한 바 되어 경건치 아니한 사람들의 심판과 멸망의 날까지 보존하여 두신 것이라"

그러나 10절에 "주의 날이 도적같이 오리니 그날에는 하늘이 큰 소리로 떠나가고 체질이 뜨거운 불이 풀어지고 땅과 그중에 있는 모든 것이 드러나리로다"

11절 "이 모든 것이 이렇게 풀어지리니 너희가 어떠한 사람이 되어야 마땅하뇨. 거룩한 행실과 경건함으로"

12절 "하나님의 날이 임하기를 바라보고 간절히 사모하라, 그 날에 하늘이 불에 타서 풀어지고 체질이 뜨거운 불에 녹아지려니와"

13절 "우리는 그의 약속대로 의의 거하는 바 새 하늘과 새 땅을 바라보도다"

이 말씀들만 읽으면 60억조 톤의 지구가 다 타버릴 것으로 느껴지기도 합니다. 그런데 여기에서 중요한 것은 어느 관점에서 바라보는가의 문제입니다.

창세기 1장 16절에 "하나님이 두 큰 광명을 만드사 큰 광명으로 낮을 주관하게 하시고, 작은 광명으로 밤을 주관하게 하시고, 또 별들을 만드시고"

17절 "하나님 그것들을 하늘의 궁창에 두어 땅을 비춰게 하시며"

18절 "주야를 주관하게 하시며 빛과 어둠을 나누게 하시느니라. 하나님이 보시기에 좋았더라"

19절 "저녁이 되며 아침이 되니 이는 넷째 날이니라"

해는 발광체이며 달은 반사체로서 이것은 지구상에서 육안으로 본 것이고, 우리 태양의 약 10,000배나 되는 빛나는 별들이 있다고 천문학자들이 증언하고 있습니다(창조의 신비 51쪽). 베드로 사도는 불타는 광경을 가까이에서 보았기에 전체로 이해한 것 같습니다.

계시록 17장 16절에 "네가 본 바 이 열 뿔과 짐승이 음녀를 미워하여 망하게 하고, 벌거벗게 하고, 그 살을 먹고 불로 아주 사르리라"

18절 "또 내가 본바 여자는 땅의 임금들을 다스리는 큰 성이라 하더라"

에스겔 38장 "곡에 대한 에스겔 선지자의 예언으로서"

22절 "내가 또 전염병과 피로 그를 심판하며 쏟아지는 폭우와 큰 우박덩이와 불과 유황으로 그와 그 모든 무리와 그와 함께 있는 많은 백성에게 비를 내리듯 하리라"

큰 음녀 바벨론은 지상의 포화로 불타고 곡은 하늘의 유황으로 타질 것이니, 지구 전체가 타는 것은 아니고, 이 두 곳만 타진다고 봄이 마땅합니다.

계시록 11장 15절에 "세상 나라가 주와 그 그리스도의 나라가 되어, 그가 세세토록 왕 노릇 하시리로다" 하였습니다.

다니엘 7장 18절에 "지극히 높으신 자의 성도들이 나라를 얻으리니 그 누림이 영원하고 영원하리라" 하였습니다.

다니엘 2장 44절에 "이 열 왕의 때에 하늘의 하나님이 한 나라를 세우시리니, 이것은 영원히 망하지도 아니할 것이요. 그 국권이 다른 백성에게로 돌아가지 아니할 것이요. 도리어 이 모든 나라를 쳐서 멸하고 영원히 설 것이라" 하였으니, 금 머리 바벨론은 메데파사에 망하고, 은 가슴 메데파사는 동과 같은 헬라에 망하고, 헬라는 철과 같은 로마에 망하고, 로마는 유럽의 여러 나라로 나누인바, 유럽이 완전한 정치통합이 되기 전에 산에서 사람의 손을 대지 아니한 뜨인 돌에 의하여 발가락이 부서짐을 당하고, 돌 세상인 성도의 나라가 됩니다.

신명기 20장 19절에 "너희가 어떤 성읍을 오랫동안 에워싸고 그 성읍을 쳐서 점령하려 할 때에도 도끼를 둘러 그곳의 나무를 찍어 내지 말라. 이는 너희가 먹을 것이 될 것임이니 찍지 말라. 들의 수목이 사람이냐 어찌 그것을 에워싸겠느냐"

수목 하나라도 함부로 함이 아니듯이 아름답게 창조된 지구는 더더욱 소중하기 때문에 타 버리는 일은 결코 없습니다.

예수님은 다윗의 위에 앉아서 공평과 정의로 만국을 천 년 동안 통치하시고(사 9:6-7, 32:1) 천 년이 끝날 때 무저갱에 금고되었던 사단을 석방하니(계 20:7-9) 가룟 유다의 마음속에 사탄이 들어간 것 같이 마귀가 사람들의 마음속에 들어가게 됩니다. 이때 미혹된 사람들이 성도들의 진과 사랑하시는 성을 두르게 될 때 하늘에서 불이 내려와 저희를 소멸하고 또 저희를 미혹하는 마귀가 불과 유황 못에 던지우니 거기는 그 짐승과 거짓 선지자도 있어 세세토록 밤낮 괴로움을 받게 됩니다. (계 20:9-10)

마귀가 사라지니 비로소 영원한 평화의 세계가 성취됩니다. 하나님의 아들 예수님은 천 년 동안 다스린 지구상의 만물과 성도들을 하나님께 봉헌하게 됩니다. 하나님은 지상에 강림하셔서 보좌에 앉으시고 성도들은 하나님의 얼굴을 친히 뵙게 됩니다. (계 22:1-5)

4. 세계사적으로 증명된 하나님의 말씀

"그 명을 땅에 보내시니 그 말씀이 속히 달리는 도다"(시 147:15)

성경에 무화과나무는 이스라엘의 민족 국가를 상징하는 나무이며, 포도나무(사 5:1-7, 마 21:33-43)나 포도원은 종교적으로 이스라엘 민족을 상징합니다. 계시록 14장 17절-20절의 포도송이는 땅의 모든 족속을 뜻합니다. (계 1:7)

마태복음 21장 18절-22절에서 예수님은 "열매 없는 무화과나무를 저주하시니 곧 마른지라" 이 말씀은 A.D. 70년에 로마의 티투스의 군대에 의하여 예루살렘 성은 함락되고 이스라엘은 망하고, 세계 60여 나라에 이산되었으며, 1914년에서 1918년까지 1차 세계대전에서 영국과 동맹국의 승리로 영국 외상 벨포어 선언(1917.

11. 2.)에 의하여, 세계에 이산된 이스라엘 백성들이 차츰 팔레스타인에 정착하기를 시작한 것이 뿌리까지 말랐던 무화과나무의 가지가 연하여 짐이고(마 24:32), 잎사귀를 냄은 1948년 5월 14일 유엔의 승인하에 독립을 선포하고 독립을 쟁취하였습니다.

그러나 이후에도 이스라엘은 주변의 아랍국들과 여러 차례 치열한 전쟁을 치렀습니다. 아모스 선지자는 예언하기를(암 9:14-15) "내가 내 백성 이스라엘의 사로잡힌 것을 돌이키리니 저희가 황무한 성읍을 건축하고 거하며, 포도원을 심고 그 포도주를 마시며 과원들을 만들고 그 과실을 먹으리라. 내가 저희를 그 본토에 심으리니, 저희가 나의 준 땅에서 다시 뽑히지 아니하리라. 이는 하나님 여호와의 말씀이니라"

1967년 6월 5일, 6일 전쟁 중에 군대에서는 사병들에게 이 성경 구절을 나누어 주었으며 계속 이 말씀을 라디오로 방송하였다고 합니다. 당시 전쟁에서 아랍의 지도자들은 이스라엘을 지중해에 쓸어버리고 다윗의 별을 쓰레기통에 던져 버리겠다고 호언장담하였으나, 이스라엘은 전투마다 승리하여, 아모스 선지자의 예언이 그대로 성취되었습니다.

다니엘 선지자는 성경을 읽는 중에 에레미야 29장 10절(당시는 장과 절이 없었음.) "나 여호와가 이같이 말하노라 바벨론에서 70년이 차면 내가 너희를 권고하고 나의 선한 말을 너희에게 실행하여 너희를 이곳으로 돌아오게 하리라" 이 말씀을 읽고 금식하며 과거 열조의 죄, 당시 민족의 죄, 자신의 죄를 회개하며 기도하여 파사왕 고레스의 마음을 감동케 하였습니다. 이런 기도와 회개 속에 고레스왕은 해방령을 반포하였고, 이스라엘 민족은 해방의 기쁨을 맞이하였습니다.

여호수아 10장 12절에 여호수아의 기도에 의하여 태양은 기브온 골짜기에, 달은 아야론 골짜기에 머물렀습니다. 지구의 공전과 자전이 멈춘 것입니다.

아시아의 일곱 교회 중 두아디라 교회의 이세벨의 교훈을 이기는 그에게는 능력의 쇠 지팡이, 즉 철장 권세를 주신다고 말씀하셨으니, 최후의 승리자가 되기를 기원합니다.

5. 세대의 개념

창세기 15장 16절에 "네 자손을 4대 만에 이 땅으로 돌아오리니, 이는 아모리 족속의 죄악이 아직 관영치 아니함이라 하시더니" 이 말씀의 4대는 400년을 의미하며 약 430년 후에 출애굽 할 것을 뜻합니다.

마태복음 12장 39절에 "예수께서 대답하여 가라사대 악하고 음란한 세대가 표적을 구하나 선지자 요나의 표적밖에는 보일 표적이 없느니라" 이 말씀의 세대는 당시의 사람들을 말합니다.

마태복음 24장 32절-35절에 "무화과나무의 비유를 배우라, 그 가지가 연하여지고 잎사귀를 내면 여름이 가까운 줄을 아나니, 이와 같이 너희도 이 모든 일을 보거든 인자가 가까이 곧 문 앞에 이른 줄 알라. 내가 진실로 너희에게 말하노니, 이 세대가 지나가기 전에 이 일이 다 이루리라. 천지는 없어지겠으나, 내 말은 없어지지 아니하리라"

무화과나무의 비유는 이스라엘의 회복과 독립을 의미하므로, 이스라엘의 독립을 본 세대로 이해해야 합니다.

사사기 2장 10절에 "그 세대 사람들도 다 그 열조에게로 돌아갔고 그 후에 일어난 다른 세대는 여호와를 알지 못하며, 여호와께서 이스라엘을 위하여 행하신 일도 알지 못하였더라"
여기에서 말하는 그 세대 사람이란 여호수아의 생전에 행한 일, 즉 하나님께서 여호수아와 함께하셔서 요단강을 육지같이 건넌 일, 여리고성을 함락시킨 일, 아이성을 불사른 일, 온 가나안 땅을 정복하여 이스라엘 12지파에게 땅을 분배한 일 등을 알지 못하는 여호수아 사후의 세대를 의미합니다.

위의 사사기와 마태복음의 세대 개념은 서로 짝을 이루는 말씀입니다.

이사야 34장 16절에 "너희는 여호와의 책을 자세히 읽어 보라.

이것 들이 하나도 빠진 것이 없고 하나도 그 짝이 없는 것이 없으리니 이는 여호와의 입이 이를 명하셨고, 그의 신이 이것들을 모으셨음이라"

 * Living Bilble 영어성경은 다음(Next) 세대라고 했고, NIV영어성경에서는 다른(Another) 세대라고 했습니다.

6. 하나님이 보시는 한국의 사회상

　1974년 8월 15일 고 육영수 여사께서 피격, 사망하고 며칠 후 새벽 기도시간에 나라의 앞날을 위해 기도할 때의 일입니다.

　"하나님 아버지 한국을 지켜 주시고 복 주시옵소서." 하며 나라를 위한 기도를 한참하고 있었습니다. 그때 갑자기 내 앞을 검은 무엇인가가 가로막더니 잠시 후 하나님께서는 내게 북한의 실상을 보여 주셨습니다.

　"같은 피를 나눈 북한 서민들의 배고픔, 추위, 중노동, 그리고 사상학습에 얼마나 고생하는지 아느냐?"라고 물으셨습니다. 그 순간 기존의 북한관은 여지없이 깨지고 말았습니다. 항상 북한을 부정적으로만 보았는데 하나님께서는 먼저 소외된 서민층의 고통을 보신다는 것을 깨달았기 때문입니다. 그래서 눈물이 나고 목이 메어 한참을 울었습니다.

다음으로는 남한의 실상을 보여 주셨습니다. 정치계, 법조계, 교육계의 부정부패 그리고 음란, 폭력, 사기 등 소돔성과 같은 죄악상을 영으로 보여 주셨습니다. 남한의 실상을 보고 나니 신앙 양심상 염치없이 나라의 복을 구하는 기도를 감히 할 수 없다는 생각도 들었습니다.

처음부터 기도를 거절당하였지만 이대로 끝내서는 안 되겠다고 생각하고 하나님께 간절한 기도를 드렸습니다. 과거 천주교회가 대원군의 박해로 화형을 당하고 목이 잘리는 등 순교를 당하면서도 주님을 끝까지 믿었으며, 일제의 온갖 박해와 탄압 속에서도 주님을 섬기고 믿음을 지킨 성도들과, 1974년 당시 500만 명의 성도를 생각하시고 남한의 죄를 용서하시어 복 주시라고 간청하는 기도를 드렸습니다.

며칠 후 정부에서는 '서정쇄신'이라는 정책을 발표하여 사회 부조리를 척결하는 등 사회적으로 변화가 조금씩 생기었습니다.

정말로 하나님께 감사를 드리지 않을 수 없었습니다. 현재 한국은 경제적으로 많이 성장하였습니다. 또한 군사력도 북한을 능가한다고 믿고 있습니다. 그런 성장과 함께 우리 사회는 점차적으로 부패와 타락에 이미 병들어 버렸습니다.

과연 하나님께서는 이런 한국을 언제까지 참고 기다려 주실 수 있을지 걱정하지 않을 수 없습니다. 우리 한국은 삼면이 바다로 둘

러싸여 있습니다. 지정학적으로 휴전선 이북은 아직도 공산주의 국가이고 북으로는 러시아, 서쪽으로는 중국입니다. 러시아와 중국은 자본주의 시장경제체제를 정치적으로는 공산당 세력이 막강합니다.

그래서 아직도 기독교 선교 활동을 자유롭게 할 수 없습니다. 우리나라가 처한 현실은 출애굽 삼 일 후 홍해 바다 앞에 갇힌 이스라엘 민족과 다를 바가 없습니다.

우리 모두는 바르고 정직하게 살면서 하나님의 보호와 긍휼을 구해야겠습니다. 할렐루야!

구원론과 재림의 순서

참고 도서

- 『공관복음주석』(박윤선 목사, 성문사, 1953)
- 『요한계시록주석』(박윤선 목사, 성문사, 1955)
- 『기독교의 사대복음』(이명직 목사, 기독교대한성결교회 출판부, 1952)
- 『사중복음』(이성주 박사, 성청사, 1985)
- 『모세오경』(이상준 목사, 성청사, 1991)
- 『21세기 계시록』(김면우 목사, 기독교연합신문사, 2001)
- 『새로 조명한 요한계시록』(김중현 목사, 옐맨사 2002)
- 『요한계시록 심층분석』(민병석 목사, 밤중의 소리사역회, 2007)
- 『예성신학의 이해와 신조해설』(한양수 목사외, 총회출판부, 2010)
- 『NIV성경』(이국진 목사, 아가페출판사, 2003)
- 『창조의 신비』(월터 버즐리, 이정윤 역, 생명의 말씀사, 1956)

졸고를 마치면서

1970년대 중반에 성결교회 신학대학 학장님이신 손택구 목사님과 점심식사 중 은혜받은 이야기를 말씀드린 적이 있었는데, 이때 학장님께서는 제가 받은 은혜를 글로 한번 옮겨 보라는 권면의 말씀을 해 주셨습니다. 그래서 여러 번의 수정을 거듭한 끝에 소책자를 만들어 무료로 수천 부를 배포하여 왔습니다. 그런데 예수님 재림의 때가 정말로 가까이 다가오는 것 같고, 장차 대환난의 날에 조금이나마 더 많은 사람들에게 도움을 드리고자 정식으로 출판을 결정하게 되었습니다.

은혜를 주신 하나님 아버지께 무한감사를 드리며, 말씀으로 양육하시고 축복하시고, 잘못은 지적하시고 꾸짖으신 유사근 목사님과 오충식 목사님께 감사하며, 또한 여러 부흥사님께도 감사를 드립니다.

그동안 책자 인쇄 및 원고 정리를 도와주신 김겸옥 권사님과 신태자 권사님께 감사를 드립니다. 그리고 이번에 출판을 할 수 있도록 도움을 주신 좋은땅 출판사 관계자님들에게도 깊은 감사를 드립니다. 글의 부족함에 대하여 아무쪼록 독자 여러분의 이해를 구하며 졸고를 마칩니다.

구원론과 재림의 순서

ⓒ 양대은, 2021

초판 1쇄 발행 2021년 7월 9일

지은이   양대은
펴낸이   이기봉
편집   좋은땅 편집팀
펴낸곳   도서출판 좋은땅
주소   서울 마포구 성지길 25 보광빌딩 2층
전화   02)374-8616~7
팩스   02)374-8614
이메일   gworldbook@naver.com
홈페이지   www.g-world.co.kr

ISBN   979-11-6649-993-7 (03230)